I0818875

BEST SELLER

Alfred Font Barrot (Barcelona, 1947) es abogado con extensa experiencia en la negociación internacional de derechos de autor (literatura, música, artes plásticas, audiovisual), fue profesor de negociación en el Departamento de Derecho de la Universitat Pompeu Fabra de Barcelona (1990-2012) y consultor de negociación en numerosas empresas e instituciones.

Es también autor de los siguientes libros: *Negociaciones. Entre la cooperación y el conflicto* (1997); *Curso de negociación estratégica* (2007); *Negociar con arte* (2008), y *El derecho para no juristas* (2009), en coautoría con José Luis Pérez Triviño.

ALFRED FONT BARROT

LAS 12 LEYES DE LA NEGOCIACIÓN

O eres estratega o eres ingenuo

DEBOLS!LLO

Las 12 leyes de la negociación
O eres estratega o eres ingenuo

Primera edición en Debolsillo en México: noviembre, 2025

penguinlibros.com

ISBN: 978-607-386-616-3

Impreso en México – *Printed in Mexico*

Índice

La mayoría de la gente es otra gente. Sus ideas son las opiniones ajenas, su vida una imitación, sus pasiones una cita.

OSCAR WILDE,
De profundis

1

Ser inteligente es mejor que ser agresivo (o que ser complaciente)

Un reparto mejorable

Más tarde o más temprano los libros sobre negociación acaban utilizando la parábola de las dos hermanas y la naranja. Refirámosla pues enseguida: en los jardines de un palacio oriental dos hermanas se pelean por una naranja; se la arrebatan la una a la otra en sucesivos choques, se persiguen, forcejean y lloran, hasta que, agotadas y psicológicamente en tablas, deciden firmar la paz. Dividen la naranja en dos partes exactamente iguales. Cada una se refugia con su media naranja, tan fatigosamente conseguida, en un rincón del jardín. Una paz justa, estable y duradera, podrían decir los observadores internacionales.

Pero entonces vemos —nosotros que tenemos el privilegio de observarlo todo desde fuera— como una de ellas se come con fruición la pulpa de su media naranja y tira la piel, mientras que la otra tira de inmediato la pulpa y conserva la piel, con la que se propone elaborar un pastel. Aquel pacto consistente en partir la naranja en dos mitades, que de entrada nos parecía tan sabio, equitativo y posibilista, se revela ahora como decididamente tonto. Ambas contendientes han recibido sólo la mitad de lo que deseaban, cuando podrían haber alcanzado otro pacto más inteligente que consistía en dar toda la piel a quien la pretendía como ingrediente para un pastel y dar toda la pulpa a quien deseaba comérsela sin más.

El pacto de partir la naranja en dos mitades iguales puede calificarse —en este supuesto y en términos económicos— de ineficiente. Es decir, no se ha repartido todo el valor y, por tanto, se ha echado a perder una parte de ese valor, como ocurriría con un helado que se fuera derritiendo mientras discutimos cómo podemos repartirlo. En ese conflicto en particular, dada la asimetría de las aspiraciones de los negociadores, cada parte podía haber conseguido el cien por cien de su *utilidad* potencial (la totalidad de la piel o la totalidad de la pulpa de la naranja). Sin embargo, cada hermana ha acabado disfrutando solamente del cincuenta por ciento de la utilidad posible. No han llegado a un *acuerdo inteligente.* Tenían la alternativa de incrementar las dos sus beneficios sin necesidad de disminuir correlativamente los de la otra parte.

¿Y qué es un acuerdo inteligente? Como dice el proyecto de negociación de Harvard[1], un acuerdo inteligente es el que satisface en la mayor extensión posible los intereses legítimos de cada negociador, permanece estable y mejora, o al menos no empeora, las relaciones entre los negociadores.

A menudo nos preguntamos cómo hemos de actuar en una situación negocial determinada: ¿he de ser agresivo o es mejor que sea complaciente?, ¿comienzo cautelosamente y después exijo?, ¿me contento con lo que me ofrezcan porque no tengo margen de maniobra? La clásica disyuntiva entre el negociador duro y el negociador conciliador es un falso problema. La respuesta no es ninguna de las dos opciones. La respuesta adecuada (a la pregunta adecuada) sería siempre: he de ser inteligente. La administración de la firmeza o la flexibilidad es sólo consecuencia de un análisis de lo que está indicado en cada momento.

1. FISHER, R., URY, W., *Getting to Yes. Negotiating an Agreement Without Giving In.* 2a. ed., Penguin Books, Nueva York, 1991. [Hay trad. cast.: *Obtenga el sí. El arte de negociar sin ceder*, 4a. ed., Gestión, Barcelona, 2000.]

En el ejemplo de la naranja está claro que el acuerdo es pobre, o ineficiente, y que la causa de tal pobreza es un procedimiento negocial inadecuado. Partir la diferencia (en este caso, la naranja) es una herramienta no analítica cuando ignora cuál es el criterio relevante del reparto. La confrontación posicional, el compromiso con una demanda inicial que se mantiene a toda costa, hasta el enfrentamiento físico, ha hecho imposible que los negociadores fueran competentes en diseñar un *acuerdo a medida* de los intereses de cada parte. Les ha faltado un elemento clave: utilizar procedimientos inteligentes.

Se suele decir que para conseguir ponerse de acuerdo cada parte ha de ceder algo. Nosotros preferimos pensar que para llegar a un acuerdo inteligente cada negociador ha de *ganar* algo, pero no a costa del otro. Para que tal cosa sea posible y se pueda pasar de un juego de suma cero a un juego de suma positiva hay que tener la habilidad de *crear valor* nuevo. Veamos un ejemplo.

Los acuerdos de paz de Camp David (1978)

Negociadores:
Anuar el-Sadat (1918-1981) por parte de Egipto
Menachem Begin (1913-1992) por parte de Israel

Anfitrión / mediador: Jimmy Carter (1924), presidente de Estados Unidos
Lugar: la residencia presidencial campestre de Camp David (Maryland)

Muchos analistas se han ocupado de estos acuerdos porque al finalizar la reunión, que duró trece días, se había dado con una manera inteligente de repartir la naranja; un resultado que parecía de todo punto imposible a juzgar por el historial de enfrentamientos bélicos en la región y tras los inmediatamente anteriores dieciocho meses de negociaciones. Como es sabido, el conflicto de fondo entre Israel y los países árabes tuvo su inicio en el mismo momento de la fundación del estado de Israel (1948). El punto culminante de la confrontación llegó cuando, tras su victoria en la llamada guerra de los Seis Días (1967), Israel se anexionó diversos territorios, entre ellos la península del Sinaí, que pertenecía a Egipto. Egipto fracasó en su intento de recuperar militarmente ese territorio en la Guerra del Yom Kippur (1973). Como consecuencia de la permanente hostilidad presente en la región se originó una crisis en la producción y distribución del petróleo, lo cual aumentó su precio hasta límites intolerables para las economías del mundo occidental.

Ésta era la situación cuando los negociadores llegaron a Camp David. Sus pretensiones eran irreconciliables. Egipto quería recuperar íntegramente la península del Sinaí; Israel quería mantenerla ocupada. Planteado de este modo, de forma simplificada, el conflicto entre los dos países es un ejemplo de lo que en la teoría de juegos[2] se llama un «juego de puro conflicto»: lo que uno gana el otro necesariamente lo pierde. Ese tipo de juegos tiene siempre muy mal pronóstico negocial. Nadie quiere ceder en su propio perjuicio, como es lógico, y lo más probable es que el conflicto permanezca sin solución. De hecho, en un sentido estricto, no existe solución negociada posible para estas situaciones salvo que se cambie el modelo de juego. La posibilidad de repartir la península del Sinaí —se elaboraron multitud de mapas al respecto— no resultaba factible. Cada parte prefería continuar con el enfrentamiento bélico antes de ceder territorio. Partir la naranja por la mitad no era una opción, porque cada uno de los adversarios la exigía entera.

Cuando todo parecía perdido se cambió el juego. Si nos preguntamos por qué Israel quería mantener ocupada la península del Sinaí —aunque la cuestión sea muy compleja—, podemos identificar fácilmente la *razón más relevante*: Israel tenía un problema de *seguridad*. No en la península del Sinaí, sino en su propio territorio. El control de la península era un recurso de protección ante la posibilidad de recibir algún ataque por esta vía. Egipto, en cambio, tenía un problema

2. Ciencia que estudia el comportamiento estratégico (véase el glosario).

de *soberanía*. Recuperar el territorio de la península del Sinaí era indispensable para el país por razones obvias, pues era parte de su propio territorio.

Si encontráramos una fórmula que suministrara seguridad a Israel sin quitarle soberanía a Egipto y a la vez pudiéramos devolver soberanía a Egipto sin disminuir la seguridad de Israel, habríamos dado con la solución inteligente del problema. Al pasar de la confrontación por *posiciones* (que eran irreconciliables) a la negociación por *intereses* (que eran divergentes pero posiblemente compatibles) se vio rápidamente cuál podía ser la opción eficiente: devolver el territorio a Egipto y garantizar su desmilitarización. Tal fue, en síntesis, el acuerdo adoptado en Camp David.

Para seguir con los términos utilizados al principio de este capítulo, podríamos decir que cada parte consiguió incrementar su utilidad sin necesidad de disminuir correlativamente la utilidad de la otra parte. Al cambiar el modelo de juego en el que lo que uno gana el otro lo pierde por un modelo de juego en el que los dos pueden ganar a la vez, pero no a costa del otro, las dificultades se desvanecen. Los intereses de cada uno pueden compatibilizarse con los del adversario. La naranja se ha repartido inteligentemente.

Los acuerdos que se llevaron a cabo en Camp David proporcionaron los elementos básicos del tratado de paz entre Israel y Egipto de 1979.

Es interesante observar también un curioso fenómeno que detecta algún analista norteamericano:[3] nada menos que un acuerdo tácito entre dos enemigos irreconciliables —Israel y Egipto— para explotar a Estados Unidos. Al parecer, con el fin de superar las últimas resistencias estratégicas de los dos adversarios, Carter habría hecho demasiadas promesas tanto al uno como al otro en forma de condonaciones de deuda y créditos a bajo precio o inversiones a fondo totalmente perdido. El diagnóstico es sin duda ingenioso, pero nosotros nos inclinamos más bien por la idea de que Estados Unidos pagó un precio por su *prima de interés* en que

3. RAIFFA, H., *Negotiation Analysis. The Science and Art of Collaborative Decision Making*, The Belknap Press of Harvard University Press, Cambridge (MA), 2003.

los acuerdos llegaran a buen término. Es del todo legítimo que el mediador esté interesado personalmente en que haya acuerdo; lo inaceptable sería que estuviera interesado en el desacuerdo. Sin embargo, su interés personal puede llevar implícito un coste también personal.

Un reparto inmejorable (Brams y Taylor)

¿Podríamos expresar mediante una sencilla fórmula matemática un procedimiento de asignación que sea a la vez igualitario y eficiente, que reparta el valor que está en juego de tal manera que ninguna otra combinación pudiera superar el resultado?

Brams y Taylor[4] proponen un cálculo inteligente aplicable sobre todo a repartos de bienes materiales entre dos beneficiarios, por ejemplo en una herencia o un divorcio. El criterio relevante del reparto no es tanto el valor de mercado de los bienes (en cuyo caso sería más eficaz tasarlos, si ello es factible, o venderlos y repartir el precio obtenido), sino un criterio que va más allá del precio teórico de mercado (aunque en gran medida lo incluye) y que los economistas denominan «utilidad». La utilidad es subjetiva y se mide por el grado de satisfacción que proporciona un recurso. Por ejemplo, si en una herencia hay una casa en Sitges y otra en Cadaqués, cuyos valores de mercado son similares, es posible que cada uno de los herederos prefiera respectivamente una u otra según factores tales como sus gustos estéticos respecto a cada lugar, la ubicación de sus respectivos domicilios permanentes, sus relaciones sociales, su profesión, sus planes de vida en general, etc. Sería absurdo adjudicar la casa de Sitges a quien prefiere la de Cadaqués y viceversa. Supondría un reparto de pérdidas porque obligaría a cada beneficiario a vender después la casa para comprar otra en el lugar que prefiere, con el sobrecoste que implica tal operación en gastos e impuestos. Las cosas se complican cuando hay muchos bienes, de valores

4. BRAMS, S. J., TAYLOR, A. D., *The WIN-WIN solution*, W. W. Norton & Company, Nueva York, 1999.

desiguales, y el reparto ha de ser igualitario. Muchos repartos son ineficientes en el sentido económico que ya conocemos, es decir, cabrían otras posibilidades mejores, como vimos en el caso de las naranjas. Para conseguir el mejor reparto posible, Brams y Taylor formulan una simple ecuación que incorpora, además del orden de las preferencias de cada beneficiario, la intensidad relativa de esas preferencias.

Los autores denominan a este procedimiento «el ganador ajustado» porque tiene dos fases: una subasta inicial y un ajuste subsiguiente. La propuesta se inscribe en la larga lista de mecanismos de *reparto justo* a los que dedican todo su ingenio economistas y matemáticos.

1. Fase de subasta

Cada uno de los interesados en un reparto dispone de, por ejemplo, 100 puntos de utilidad para distribuir secretamente entre los bienes que se van a repartir según su ordenación de preferencias y la intensidad de las mismas (la asignación de puntos de utilidad permite expresar ambas variables). Los beneficiarios saben que, como resultado de esta subasta, se asignará provisionalmente cada bien a quien lo haya puntuado más. Los bienes puntuados por igual no se asignan a nadie, por el momento. Vamos a utilizar como ejemplo el caso de una pareja *radical chic* que se divorcia y tiene importantes bienes que repartir.

El reparto entre Tim y Wendy

En la fase de subasta secreta los dos miembros de la pareja que se divorcia han asignado sus 100 puntos de utilidad entre los bienes que hay que repartir del siguiente modo:

Asignación de puntos		
Propiedades	**Tim**	**Wendy**
Apartamento (300m²) en Barcelona	**20**	15
Casa en Sitges	15	**25**
Acciones de L'Oréal (París)	35	**40**
Finca Son Vent (Mallorca)	**10**	5
Loft en París	10	10
Colección de arte precolombino	2	**3**
Velero *Icaria*	**8**	2
Puntos de utilidad resultado de la asignación provisional	**38**	**68**

Como resultado de la fase de subasta:

- Tim ha obtenido provisionalmente el apartamento de Barcelona, la finca de Mallorca y el velero. Puntos de utilidad total provisional: 38 puntos.
- Wendy ha obtenido provisionalmente la casa de Sitges, todas las acciones de L'Oréal y la colección de arte precolombino. Puntos de utilidad total provisional: 68 puntos.

Puesto que el reparto pretende ser justo, los puntos de utilidad final de cada uno deben ser los mismos. ¿Podemos llegar a conseguir la igualdad absoluta de acuerdo con los valores de cada cual?

Para empezar a reducir la diferencia entre Tim (38) y Wendy (68), disponemos todavía de un bien que no ha sido atribuido a nadie, porque ha recibido de ambos la misma puntuación (10): el loft de París. Lo adjudicamos a Tim, quien verá su utilidad incrementada en 10 puntos.

Ahora el recuento de puntos de utilidad arroja el siguiente resultado: Tim tiene 48 y Wendy, 68. Todavía nos falta mucho para llegar a la igualdad, así que hemos de pasar a la segunda fase o fase de *ajuste*.

2. Fase de ajuste

Hay que encontrar una respuesta a la siguiente pregunta: ¿qué porción de qué bien de los que se han asignado provisionalmente a Wendy deberá ser transferida a Tim —teniendo en cuenta que sus valoraciones respectivas son distintas— para que ambos acaben obteniendo idéntico número de puntos de utilidad? Expresado en una ecuación, nuestro objetivo es:

PuT = PuW (donde Pu significa puntos de utilidad)

En primer lugar debemos decidir cuál es el bien que vamos a fraccionar. Para ello, debemos identificar aquel bien cuyo cociente (ratio), resultado de la división entre los puntos que le ha asignado el que lo ha ganado en la fase de subasta y los puntos que le ha asignado el que lo ha perdido, sea menor. Hay que seguir el criterio del cociente menor por una razón de eficiencia: cuanto menor sea la diferencia proporcional entre las respectivas valoraciones, menor será la porción del bien que será necesario transferir para igualar los puntos de utilidad.

Veamos:

- casa de Sitges: 25 / 15 = 1,66
- acciones de L'Oréal: 40 / 35 = 1,14
- arte precolombino: 3 / 2 = 1,50

El cociente menor es el correspondiente a las acciones de L'Oréal. Éste es el bien que se fraccionará.

Recordemos que nuestro objetivo era:

(1) PuT = PuW

Para lograrlo, los puntos de utilidad provisional de Tim tendrán que verse incrementados mediante la adquisición de una fracción de un bien (las acciones de L'Oréal), que él valora en 35 puntos, es decir:

(2) PuT = 48 + 35x

Correlativamente, los puntos de utilidad provisional de Wendy deberán ser minorados por la transferencia de la misma fracción de un bien (las acciones de L'Oréal), que ella valora en 40 puntos, es decir:

(3) PuW = 68 - 40x

Por consiguiente, sustituyendo las expresiones (2) y (3) en la expresión (1):

$$48 + 35x = 68 - 40x$$

Es decir:

$$35x + 40x = 68 - 48$$

Es decir:

$$75x = 20$$
$$x = 20 / 75 \text{ o } 4 / 15 \text{ o } 0{,}2666666666$$

Para obtener la igualdad del reparto, medida en puntos de utilidad, Wendy debe transferir a Tim cuatro quinceavas partes de las acciones de L'Oréal. Una vez transferidas las acciones, cada uno habrá obtenido idéntica utilidad.

El *reparto que no se puede mejorar* es el siguiente:

Tim: el apartamento de Barcelona, la finca de Mallorca, el velero y el 26,66 % de las acciones de L'Oréal.

Wendy: la casa de Sitges, el 73, 33 % de las acciones de L'Oréal y la colección de arte precolombino.

Demostración de la igualdad de utilidad:

PuT = 48 + 35(4 / 15) = 57,33
PuW = 68 - 40(4 / 15) = 57,33

Es decir, que tal como pretendíamos:

PuT = PuW

Lo sorprendente es que cada uno ha obtenido más de 50 puntos de un total que valoraba en 100. ¿Cómo es posible? Lo es porque el reparto de bienes se ha hecho en función de las utilidades respectivas y el sistema de cálculo las ha optimizado. Se ha producido un fenómeno que representa la quintaesencia de la negociación inteligente. Se ha *creado valor*, pero no en beneficio del otro. El sistema de reparto no solamente ha asegurado la igualdad en la utilidad, sino que ha sacado partido de las diferencias de valoración para incrementar la utilidad obtenida por cada uno. El pastel ha crecido.

El reparto justo

El procedimiento del ganador ajustado que acabamos de ejemplificar genera un resultado que posee las propiedades que, según sus propios autores, tiene el *reparto justo*, a saber:

- Proporcionalidad

Cada uno cree haber obtenido al menos una enésima parte del valor que atribuye al conjunto de los bienes que se van a repartir, siendo *n* el número de participantes en el reparto (si son dos, cada uno cree haber obtenido al menos la mitad de su valoración global subjetiva; si son tres, al menos un tercio, y así sucesivamente). Ésa es la noción básica de *porción justa*.

- Ausencia de envidia

Ninguno de los beneficiarios cambiaría su parte por la de otro. Esto ocurre cuando sólo hay dos participantes, y ausencia de envidia y proporcionalidad son coincidentes, porque si el beneficiario A cree que ha obtenido al menos la mitad de su valoración global subjetiva (proporcionalidad) no tendrá ningún incentivo para cambiar su adjudicación por la parte que ha obtenido el beneficiario B, la cual, por definición, no puede valer más para A de lo que A ha obtenido. Concretamente, en nuestro ejemplo, la parte de Wendy vale sólo 42,67 puntos para Tim, y viceversa.

Si los participantes son más de dos, no siempre coinciden la ausencia de envidia y la proporcionalidad. Por ejemplo, si hay tres beneficiarios (A, B y C), A puede creer que ha recibido al menos un tercio del valor total (proporcionalidad) y simultáneamente envidiar a C si cree que C ha obtenido más de un tercio en detrimento de B (según la valoración subjetiva de A). La noción de ausencia de envidia es más fuerte que la noción de proporcionalidad. Como dicen Brams y Taylor (1999), «una asignación libre de envidia es siempre proporcional, incluso si hay más de dos partes, pero una asignación proporcional no necesariamente está libre de envidia».

- Equidad

Cada parte cree haber recibido la misma proporción que las otras partes de sus respectivas utilidades máximas. En otras palabras, cada uno ha recibido la misma proporción de felicidad de acuerdo con sus respectivos parámetros de utilidad.

- Eficiencia

No existe ninguna otra asignación posible que pueda proporcionar mayor utilidad a una parte sin reducir la de otra. Invitamos a cualquier lector con gusto por las matemáticas a rebatir esa afirmación.

No creemos que lo consiga, pero si nos equivocamos rectificaremos enseguida.

Cuando se habla de *justicia*, en el ámbito de la negociación, y muy especialmente cuando se trata de repartos, se está pensando sobre todo en la *imparcialidad* de los procedimientos y en los criterios que se utilizan. Un procedimiento es imparcial cuando no otorga privilegios a priori a ninguno de los jugadores en particular. Si todos los interesados reconocen un criterio de reparto como imparcial, pueden aceptar más fácilmente el resultado que se derive de su aplicación. Si además el procedimiento es inteligente, como el que acabamos de describir, cada parte puede acabar ganando más de lo que imaginaba que era posible.

Aunque el método descrito no sea aceptado incondicionalmente para resolver un conflicto, puede tener una función tentativa. Si un mediador —o cualquier otro tercero— logra averiguar las preferencias sinceras, aunque secretas, de cada parte, podrá aplicar por sí mismo la ecuación y estará en situación de proponer un acuerdo que optimizará el valor y lo repartirá de forma equitativa.

Por qué fracasan las negociaciones

Las negociaciones casi siempre fracasan a causa de un *error de diagnóstico* o un *error de procedimiento*, o por ambas cosas a la vez.

El error de diagnóstico está muy bien identificado por los analistas. Se deriva de nuestra forma intuitiva de enfrentarnos al conflicto. En la mayoría de los casos, aunque no es necesario que lo que uno gana el otro tenga que perderlo, tendemos a actuar como si esto fuera así. Es decir, nuestra gestión del conflicto crea más conflicto.

El error de procedimiento (coherente con el error de diagnóstico) se expresa en la llamada negociación posicional, modelo que adoptamos de manera rutinaria y que en la mayoría de los casos es ineficaz e incentiva el desacuerdo. El modelo de confrontación posicional se organiza a partir del compromiso de cada parte con una demanda inicial más o menos extrema, más o menos inamovible, y se despliega básicamente en forma de regateo. El objetivo de cada parte es obtener un resultado lo más cercano posible a su posición inicial. Podríamos decir que se trata de un modelo ganar-perder que acaba siendo de perder-perder.

De hecho, mientras un conflicto parezca irresoluble *es* irresoluble. Ortega y Gasset,[5] en una célebre intervención parlamentaria, decía «que el problema catalán es un problema que no se puede resolver, que sólo se puede conllevar, que es un problema perpetuo». Se trata de una creencia bastante extendida que, como suele ocurrir con las creencias generalizadas, induce a su propio cumplimiento.

Sin embargo, los problemas complejos pueden ser abordados por vías también complejas por mucho que la solución inmediata parezca algo realmente imposible. Cuando no se puede gestionar la sustancia de un conflicto, se puede orientar el trabajo hacia el intento de ponerse de acuerdo sobre los *principios* aplicables al conflicto. Cuando no se pueden conciliar las *posiciones* enfrentadas, se puede tratar de identificar los *intereses* que hay detrás de esas posiciones y buscar tentativamente fórmulas que tengan en cuenta tales intereses.

No hay que olvidar que los acuerdos inteligentes pueden tener distintas intensidades y distintas fases. Si no es posible un acuerdo sustantivo, cabe la posibilidad de intentar un acuerdo procedimental, es decir, cuando las cuestiones materiales no tienen margen de articulación se puede centrar la atención en los *procedimientos* de aproximación. Un acuerdo puede ser permanente o provisional, completo o parcial, incondicional o contingente, vinculante o no vinculante, de principio o de cierre.

Por otra parte, los procedimientos inteligentes son pedagógicos. Estructuran la mente, generan puntos de vista originales, amplían el marco de referencia, limpian prejuicios, sugieren recursos inesperados, y llega un día en que el conflicto deja de parecer irresoluble.

5. José Ortega y Gasset, filósofo, humanista y escritor español (1883-1955). La cita procede de su discurso en las Cortes Constituyentes, el día 13 de mayo de 1932.

Ese momento es la *ventana de oportunidad* para resolverlo o, mejor aún, para que el conflicto se disuelva solo.

Algo para recordar

- Aunque parezcan (y sean) adversarios, los negociadores son sobre todo corresponsables de la resolución de un problema. Interioriza esta idea y actúa en consecuencia.
- No es verdad que lo que uno gana el otro tenga que perderlo, ambos pueden ganar y no necesariamente a costa del otro.
- No consideres únicamente las posiciones, mira lo que pueda haber detrás, piensa en términos de intereses, los tuyos y también los de la otra parte.
- La gestión inteligente es pedagógica, incluso un adversario cerril lo acaba entendiendo.
- Imagina diversas combinaciones para elaborar diversos acuerdos posibles.
- Busca criterios de asignación que puedan ser vistos como imparciales y eficientes por las dos partes.

2

Un buen aterrizaje empieza por una buena aproximación

Si te colocas mal todo irá mal

Los pilotos saben que un buen aterrizaje empieza por una buena maniobra de aproximación. El aterrizaje se prepara mucho antes de tener a la vista el aeropuerto de destino. Si todos los parámetros de la aproximación se han controlado adecuadamente, el avión aterriza prácticamente solo. Los negociadores experimentados —y éste es su secreto— también resuelven el aterrizaje durante la maniobra de aproximación. Cuando llega el momento de empezar a hablar —es decir, cuando los demás creen que la negociación va a comenzar—, ya se ha llevado a cabo la mayor parte del trabajo relevante. El negociador estratega ya está colocado en una senda de planeo que le conducirá suavemente hasta sus objetivos.

Es cierto que hay muchos y muy variados escenarios de aterrizaje. No es lo mismo tomar tierra en Madrid, con varios centenares de despejadas millas por delante, que hacerlo en Katmandú, donde hay que trazar una terrorífica espiral entre amenazantes montañas. No se parece en nada dejarse caer suavemente hasta Barcelona desde las nevadas cumbres del Pirineo a tener que sortear los rascacielos de San Diego (California), a pocos metros del *living room* de sus confiados habitantes. Sin embargo, pese a las diferencias, todos los aterrizajes tienen algo en común: no pueden improvisarse sobre la marcha.

Lo mismo sucede con nuestras interacciones cuando se producen en un contexto de conflicto de intereses. ¿Cuáles son los parámetros que hay que controlar en el vuelo de la negociación? La respuesta está en las 12 leyes que este libro enumera. Ya vamos por la segunda.

Vale la pena precisar aquí que al hablar de maniobra de aproximación no nos estamos refiriendo a la preparación del *contenido* de la negociación. Damos por supuesto que esto ya se ha hecho: hay que estar lo mejor informado posible sobre las cuestiones que presumiblemente vamos a tratar. Desde el punto de vista profesional, tal preparación es inexcusable. Y también lo es si aspiramos a tomar nuestras decisiones personales de manera racional. De lo contrario, descubriremos, por ejemplo, que hemos invertido nuestro dinero en un producto financiero sin vencimiento, sin liquidez y cuyo valor se puede esfumar sin dejar rastro cuando ya no podemos dar marcha atrás. Nos referimos a una actitud global de alerta y vigilancia de las variables que, en cada situación, pueden condicionar el resultado; a una cautela estratégica de verificación, de control de los registros de comunicación; a diseñar, cuando aún estamos a tiempo, una estructura que no nos deje en una posición vulnerable; a mantener un margen de seguridad, también cuando el director de la sucursal bancaria nos dice que tiene un producto fantástico, reservado a los mejores clientes...

Esta actitud genérica de alerta es pertinente en cualquier situación, no sólo en las negociales. De hecho, la cautela estratégica es un pre-requisito para poder conducir cualquier interacción, por una razón muy simple: *si te colocas mal, todo irá mal*, como sabe todo aviador y todo estudiante primerizo de estrategia.

La llamada telefónica de María Emilia C. (Madrid, 17 de abril de 2007)[6]

María Emilia C. era (y es) una prestigiosa jurista que culminó una brillante carrera con el cargo de presidenta del Tribunal Constitucional. No hace falta insistir en la importancia de ese organismo de

6. Según transcripción publicada en el diario *El País* del día 4 de junio de 2008.

altísimo nivel. Protocolariamente, el cargo de presidenta la colocaba junto a las autoridades del Estado de mayor rango, detrás del rey, del presidente del gobierno y de los presidentes de las cámaras. La calidad profesional y la integridad de María Emilia C. estaban (y están) fuera de toda duda.

Un día, una antigua conocida a la que se encuentra por azar le pide que se interese por el caso de una amiga suya, a la que María Emilia C. ni siquiera conoce. Un matrimonio desgraciado, posibles malos tratos y ahora dificultades judiciales. Denuncias cruzadas con el marido y un proceso de divorcio que no acaba de ir por buen camino.

¿Qué debe responder María Emilia C. a la petición de su conocida? Planteo a menudo esta pregunta a mis alumnos. Suelo obtener un abanico de respuestas que pueden agruparse en tres opciones. Una, distante: que le diga que no puede hacer nada, dada su posición oficial. Otra, cínica: que le diga que se interesará por la cuestión y que luego se olvide del asunto. Y otra, sensata: que le diga que le encantaría poder ayudarla pero que su cargo no le permite intervenir personalmente, por lo que le proporcionará los datos de una abogada experta y de confianza.

¿Eligió María Emilia C. alguna de las tres opciones? No. ¿Sonó en ese momento alguna alarma en sus oídos? Al parecer, no. Optó por la alternativa compasiva. Dijo que sí, que se interesaría por el asunto. Lo dijo sinceramente, de buena fe, no para quitarse de encima a la solicitante. Y se interesó, consultó las actuaciones judiciales y estudió el caso personalmente.

El asunto era complejo, se detectaba un alto grado de hostilidad. Había denuncias cruzadas. Tuvo tiempo para reflexionar. Aún no había ocurrido nada irreparable. ¿No sería más prudente recomendar la abogada? ¿No sería mejor transmitir su impresión general a través de la amiga intermediaria? ¿No sería mejor decir que por desgracia no se podía hacer nada? No, no y no. Decidió llamar personalmente por teléfono a la desconocida. Es decir: vamos a aterrizar por las buenas, sin visibilidad ni radar; al fin y al cabo, ¿qué puede ocurrir?

Veamos lo que puede ocurrir.

María Emilia C. *llama* por teléfono, de modo que debe presentarse y conducir la conversación. La interlocutora desconocida se limita por el momento a emitir desconfiados monosílabos. María Emilia C. *se excusa*. Ha tardado en responder porque ha tenido que leerse los documentos con detenimiento y después hacer alguna averiguación. María Emilia C. *aconseja*. Ha pasado el plazo para que la desconocida pueda formular un recurso de amparo (atención: recurso que se plantea ante el Tribunal Constitucional que preside nuestra protagonista), pero, dice María Emilia C., siempre es posible provocar alguna actuación judicial que le permita recuperar la oportunidad; su abogado ya sabrá cómo hacerlo.

María Emilia C. *se extiende* entonces en un detallado repaso de los aspectos jurídicos de los distintos procesos en los que está envuelta la interlocutora para aconsejarla de la mejor manera, dado *lo muchísimo que lamenta* su situación.

Ante tales muestras de solidaridad, la desconocida se va sintiendo comprendida y pasa de los monosílabos a lamentarse amargamente de lo que parece una conspiración universal contra ella, por parte del marido primero, de diferentes juzgados después, de la médico del juzgado, del gabinete psicológico social y de la sentencia de divorcio que, según dice, la acusa de maltratar psicológicamente a su hija y le retira la guarda y custodia de la menor. ¿Se enciende alguna alarma en la cabina del compasivo piloto? ¿Nos preguntamos si no habrá algo extraño en la historia de esta persona, víctima de la persecución por parte de tanta gente diferente? Al parecer, no. María Emilia C. le reitera su comprensión y empatía. ¿Qué hace falta que ocurra para que nos demos cuenta de que debemos salir inmediatamente de ahí, que hay que levantar el avión antes del choque fatal? Lo que va a ocurrir a continuación.

En el curso de la narración de sus desgracias la interlocutora menciona, como de pasada, un dato hasta ahora desconocido. Su marido ha muerto en circunstancias extrañas —así las califica— y la familia del fallecido la está acusando a ella de haber organizado el asesinato. Incluso el juzgado parece sospechar lo mismo.

Sólo en este momento María Emilia C. detecta, por fin, el peligro. En la cabina se activan todas las alarmas que habían sido desconectadas o desoídas, pero el avión ya ha chocado violentamente contra el suelo. ¿Cómo se puede recuperar el control y evitar el desastre? Horrorizada, María Emilia C. quiere terminar la conversación, aunque como ha sido ella quien ha llamado no puede colgar de repente.

—¿Él ha muerto en extrañas circunstancias, dice usted? —balbucea. Después añade—: ¿Cuando me manda a mí sus documentos él ya había fallecido?

—No, ha sido con posterioridad —responde la desconocida.

Es de suponer que la mente de María Emilia C. funciona ahora muy deprisa. En su cabeza aparecen unas letras de fuego que le dicen algo así: «Soy la presidenta del Tribunal Constitucional y estoy aquí dando ánimos y consejos jurídicos a una desconocida sospechosa de asesinar al marido». Por fin recuerda la tercera opción, la que proponían algunos alumnos sensatos para ese tipo de situaciones.

—Yo lo que iba a darle es el teléfono de unas personas expertas en estas cosas, de la federación de mujeres, y le voy a dar el nombre de dos personas que hacen defensa jurídica y que además hacen mucho apoyo, por si le interesan. Yo creo que ahí le podrán aconsejar porque llevan muchos asuntos así y además están especializados en *temas de mujeres*.

Y en su afán por terminar de una vez con esa charla infernal, se ve en la necesidad de añadir algo concluyente, una especie de epitafio o disparate final:

—Si alguna vez va en amparo, pues ya me vuelve a llamar.

Ahora ya puede colgar. ¿Podía ocurrir algo peor que esa desastrosa conversación? Sí, podía ocurrir y ocurrió. El teléfono de la sospechosa de asesinato estaba intervenido por la policía, como era de esperar dado que la estaban investigando. La conversación salió publicada literalmente en los periódicos, y desató un escándalo político de primera magnitud.

La desconocida está ahora en la cárcel, condenada por inducir el asesinato de su infeliz marido. María Emilia C. se mantuvo en su cargo. Aunque durante unos días pareció que tendría que dimitir, la colosal dimensión de la imprudencia y la asombrosa ingenuidad de su actuación la salvaron. Tan inmensa torpeza sólo podía cometerse de buena fe. Y sin duda había sido así.

Como decíamos, tanto los aviadores como los estudiantes de estrategia saben que si uno se coloca mal desde el principio, en una posición vulnerable, todo irá mal. El simple hecho de llamar por teléfono —a diferencia de recibir una llamada u otro tipo de mensaje— implica hacerse responsable de la conversación, conducirla y llenarla de contenido. Quien llama tiene que explicar quién es, dar detalles y justificar la llamada, mientras que la otra parte, en su papel de solicitada, se mantiene astutamente a la expectativa. El que llama para cumplir un autoimpuesto deber compasivo y solidario tiene que hablar mucho —y por tanto exponerse mucho— con el fin de que el interlocutor desconocido se sienta bien atendido. Además, a quien ha llamado la retirada le resulta más difícil. Para abreviar, para cortar, para «quitársela de encima», como dijo María Emilia C., lo cual con toda seguridad es verdad, la presidenta del Tribunal Constitucional tiene que decir algo que, fuera de contexto, podrá utilizarse contra ella: «Si alguna vez va en amparo, pues ya me vuelve a llamar». De hecho, en todo el percance de María Emilia C. subyace una terrible confusión de registros. Los favores que uno hace, con razón o sin ella, en un registro amistoso no pueden mezclarse de ninguna manera con el registro oficial que uno está obligado a mantener. El presidente del Tribunal Constitucional no lo es únicamente durante unas horas al día. Lo es todo el tiempo.

Administración de las buenas intenciones

Pocos días después de la publicación de la conversación, un numeroso grupo de abogados y profesores de universidad, de la misma especialidad jurídica que María Emilia C., firmaron una sentida protesta[7] dirigida al diario *El País*. ¿Cuál era la posición corporativa de tales juristas? ¿Quién creían que había generado aquel escándalo y el posible desprestigio de la institución que presidía nuestra

7. *El País*, 14 de junio de 2008.

protagonista? ¿La peligrosa conocida que embarcó a María Emilia C. en semejante aventura? ¿La ingenua buena fe o el monumental error de juicio de la propia María Emilia C.? ¿La abusiva beneficiaria de tantos desvelos, que finalmente resultó condenada por inducir al asesinato del marido? ¿Los investigadores del crimen? No, no y no. ¡La culpa era de la prensa! La capacidad que tenemos los juristas para ponernos pomposamente en ridículo es ilimitada.

La culpa no era de la prensa, por supuesto, sino de una mala administración de las buenas intenciones. Quizá podemos intuir cuáles eran esas buenas intenciones en el caso de María Emilia C. Por ejemplo, la solidaridad con otra mujer menos afortunada que aparecía como una víctima. La idea de que no por tener un cargo tan importante iba a dejar de lado la generosidad y el compromiso social. La obligación moral de responder a la petición de una amiga. Sin duda podemos no sólo entender sino compartir cada una de esas suposiciones. Y sin embargo, la generosidad y la solidaridad, en cualquier terreno, también deben ser gestionadas estratégicamente.

Ser estratega y ser decente son dos cualidades compatibles, y además muchas veces se complementan. Por ejemplo, los programas de escolarización de niños desfavorecidos del tercer mundo no solamente han de financiar el coste de la enseñanza, de la alimentación y del transporte de los pequeños, sino que también han de pagar a los padres el importe del pequeño salario que sus hijos obtendrían en horribles condiciones de trabajo si no fueran a la escuela. Sin esa compensación, el programa fracasaría porque los incentivos de las familias no se corresponderían con los objetivos del programa.

Si ya hubiéramos leído este libro hasta el final, estaríamos en condiciones de identificar los fallos de la maniobra de aproximación: María Emilia C. fue complaciente cuando era mejor utilizar la inteligencia; actuó ingenuamente, sin la menor cautela estratégica y sin reservarse un margen de maniobra; confundió el registro público y el registro privado; se desautorizó; no supo *decir que no* a tiempo —cuando se acordó ya era tarde—; no identificó el comportamiento estratégico de la otra parte; tuvo miedo al silencio y habló demasiado de manera imprudente; sus decisiones se desviaron de la racionalidad a causa de un punto de partida manipulado; se posicionó en el lado vulnerable de la situación y, pese a ser una persona íntegra y capaz, se arriesgó a sufrir una inminente y terrible pérdida de credibilidad personal e institucional.

Uno podría preguntarse: ¿tantas cosas debo tener en cuenta antes de tomar una decisión?, ¿mi relación con el mundo no se convertirá en un infierno? No. Si uno se entrena un poco, es muy fácil. Una vez interiorizadas las ideas básicas, éstas se convierten en automatismos, prácticamente en actos reflejos. Cuando conducimos un coche, lo hacemos sin pensar en sus mecanismos y nuestro cerebro anticipa por sí solo la velocidad adecuada para afrontar con seguridad las curvas. Sin embargo, también es verdad que los pilotos de avión tienen una lista de las comprobaciones obligatorias que deben realizar antes de despegar. Nosotros la tenemos en el último capítulo. En nuestro caso no es obligatoria, simplemente está a nuestra disposición.

No hagas regalos a los ricos

Una amiga me decía que si le tocaran todos los millones de la lotería europea seguiría haciendo exactamente lo mismo que hace ahora con su vida, sólo que *pudiendo*. Quería decir, exagerando un poco, que habitualmente adopta decisiones de rica sin serlo. Tal vez parezca una cuestión frívola, pero no tiene por qué serlo. En esta paradoja hay algún elemento de *posicionamiento* y *aproximación* que podemos abordar con sentido en este capítulo.

Existe una ley económica tan poco analizada como injusta: a los ricos les sale todo más barato y al final les acaba saliendo prácticamente gratis. ¿Cómo lo hacen? ¿Sería posible obtener alguno de los múltiples beneficios de los ricos sin serlo? Quizá sí, si adoptamos *decisiones de rico* y huimos de las *decisiones de pobre*. Porque ser pobre, por desgracia, es muy caro.

Se conocen por supuesto las razones técnicas por las que los ricos se siguen enriqueciendo: las economías de escala que se obtienen a partir de cierto nivel de capacidad adquisitiva; los descuentos que se consiguen desde una buena posición negociadora; los beneficios derivados de las inversiones que pueden permitirse, incluidas las de riesgo; la neutralización de cargas fiscales merced a la interposición de sociedades a las que se cargan propiedades y gastos y otros arreglos por el estilo. Pero ahora nos referimos a un fenómeno más abstracto y, por así decirlo, espiritual. Por alguna razón, se genera alrededor del rico una expectativa colectiva: hay que evitarle el desaire de tener que pagar algo.

Por ejemplo, y desde el caso más modesto, las invitaciones para los estrenos de los teatros las recibimos solamente quienes podríamos pagarnos la entrada sin problemas. Jamás, jamás se envían a alguien que no tendría otra forma de ver la obra. Igual sucede con las invitaciones a comer, a cenar y a viajar gratis. Las herencias, grandes o pequeñas, siguen el mismo itinerario, según me ha enseñado una larga experiencia como abogado barcelonés. El buen burgués sin herederos directos nunca permitirá que su dinero vaya a una pariente pobre o a la sacrificada servidora que lo habrá cuidado hasta la muerte. Prefiere dejárselo todo a un sobrino segundo que ya es rico, aunque sea un necio sin remedio. Algunos, con vistas a tomar posiciones en la vida futura, prescinden de sobrinos y deciden sabiamente legar su patrimonio a la santa Iglesia. También en tal supuesto el beneficiario específico es seleccionado según el criterio del bienestar previo. Una colección de pintura catalana de valor incalculable, pongamos por caso, nunca irá a parar a las hijas de la caridad, que viven sin calefacción en medio del Raval barcelonés. No, los destinatarios naturales serán los monjes benedictinos, merecidamente, porque ya llevaban antes de la herencia, en suntuoso monasterio, una reposada vida de biblioteca, tertulia y *virolais*.

En la literatura hay muchos ejemplos de este fenómeno. Hacia el final de *Los Miserables*, la reaccionaria tía Gillenormand deshereda a su sobrino Marius por haberse enamorado de la pobrísima Cosette. «Si se casa con una pordiosera, que sea un pordiosero», decreta la feroz tía. Pero finalmente resulta que Cosette no es una pordiosera sino que es rica, porque su protector Jean Valjean le concede una fabulosa dote de seiscientos mil francos. La odiosa tía cambia enseguida de parecer. «Ahora que no la necesitan ya puede dejar su fortuna a los jóvenes enamorados», escribe Victor Hugo. Y añade: «Seiscientos mil francos merecían una consideración».

Primera conclusión: *cuidemos por amor, por afecto, por amistad o por un buen sueldo, pero no por expectativas futuras.*

No nos adelantemos nunca a satisfacer los deseos y caprichos de los ricos porque no nos lo van a agradecer, lo verán como algo debido y como lo más normal del mundo. Por ejemplo, no nos gastemos ni cinco céntimos para agradecer una invitación de rico. Unas millonarias americanas —con las que mantenía una relación profesional— me invitaron a tomar una copa en su apartamento del Ritz. Consistía en lo siguiente: pedían hielo y agua fría al camarero (sin cargo) y sacaban de una bolsa de plástico unos botellines de whisky capturados en el avión —era la gran época de la Panamerican— junto con unos cacahuetes de la misma procedencia, algo pasados. Ellas, por supuesto, creían que me habían hecho un gran honor, con el que prácticamente ya me tenía que considerar bien pagado.

Otros ricos, esta vez centroeuropeos, nos invitaron a un numeroso grupo a un «almuerzo canadiense» en su villa de la ribera de un impresionante lago. Al llegar, comprendí que un «almuerzo canadiense» es un almuerzo hipotético en el que la comida la llevan los invitados. Los dueños de la casa piensan que es tan alto el honor que nos hacen al recibirnos que ya no necesitan darnos nada. Una enternecedora pariente pobre de los ricos, en cambio, había traído unas buenísimas tartas caseras. Tras la magna invitación, los anfitriones extractivos pasaron a considerarse titulares del derecho a importunarme a cualquier hora con prolijas consultas gratuitas.

Segunda conclusión: *los regalos de los ricos son una trampa para ratones.*

Autoricémonos a tomar decisiones de rico sin serlo. Por ejemplo, nada de volar en compañías de bajas prestaciones (ellas se denominan a sí mismas de otra manera, pero recordemos que el marketing es una manipulación de las percepciones). Aprovechemos, en cambio, las bajas tarifas de las grandes compañías de alto nivel que se ven obligadas a competir. Casi todos los días del año el vuelo más barato entre Barcelona y Ginebra es el que ofrece la estupenda compañía que lleva el nombre del país alpino. Es puntual, segura y fiable, con una tripulación amable y experta, a la que nunca se le ocurriría tutear a un pasajero. Se puede elegir asiento y facturar sin cargo una generosa cantidad de kilos de equipaje. Dan gratis cosas de comer, eso sí, mínimas, y de beber, más generosas. En caso de que un pasajero pierda la conexión con otro vuelo, se hacen cargo de él con eficacia y lo recolocan sin ningún problema en la inmensa red de conexiones en la que están integrados. Hay espacio suficiente entre las filas de asientos, y el comandante avisa en varias lenguas de la emocionante vista del Mont Blanc a estribor (en el vuelo de ida). Un detalle importante: no se queda sin combustible en pleno vuelo. ¿A quién se le puede ocurrir volar con *las otras*? Pues a quien toma decisiones de pobre y no se da cuenta de que al final las desagradables *otras* le acabarán cobrando más para volar entre incomodidades y desplantes sin cuento.

Una alumna me contaba el estupendo fin de semana pasado en Lisboa con su novio. El único problema fue la deplorable pensión a la que fueron a parar, atraídos por su módico coste de 30 euros. Gran error, le contesté, y le mostré en una web de reserva de hoteles asociada a una línea aérea alemana de primer nivel que ese mismo fin de semana había disponibles en Lisboa varios hoteles de cuatro estrellas por 50 euros la habitación para dos personas. A quien toma decisiones de rico el hotel de lujo le cuesta 50 euros, y a quien las toma de pobre la lúgubre pensión le cuesta 30. Casi siempre por un poco más de dinero obtiene un gran incremento de utilidad. ¿Y si no tengo o no quiero gastar ese poco dinero de más? Pues entonces es mejor dormir en el albergue de juventud más nuevo de la ciudad. De hecho, el mercado ya ha descubierto la racionalidad de esa opción y han aparecido los albergues de juventud *cool and chic*.

Tercera conclusión: *aprovechemos a fondo las pocas cosas que funcionan en los mercados competitivos*.

Pero atención. A los ricos no les gusta que los pobres tomen decisiones de rico. Los pobres han de vivir como pobres; es lo que se espera de ellos. En una de las múltiples herencias destinadas solamente a los sobrinos ricos, los compasivos beneficiarios decidieron dar de todas formas cierta cantidad de dinero a la sobrina pobre y desheredada. Pues incluso esa donación estuvo en peligro porque uno de los parientes afirmó escandalizado que «la prima Cecilia es muy derrochadora». ¿En qué se basaba ese juicio demoledor? En que la pobre Cecilia había sido vista tomando café con leche en las cafeterías. ¿A quién se le ocurre? Un pobre ha de tomarse el café con leche en su casa, en una taza rota.

Algo para recordar

- No dejes nunca a nadie tus propias llaves: ni las de tu casa —real o simbólica— ni las de tu registro de comunicación.
- Gestiona tus tiempos con independencia de las presiones ajenas.
- Mantén un margen de cautela estratégica; resérvate un margen de maniobra.
- La generosidad y las buenas intenciones también han de ser bien administradas.
- Es mejor ser solicitado que suplicante, ser llamado que llamar.
- Lo que puede ir mal es muy probable que vaya mal.

3

O eres estratega o eres ingenuo

Reconocimiento, anticipación y autorización

Estrategia es una palabra que tiene mala prensa porque suena a cálculo, a oportunismo, a manipulación. Sin embargo —para nosotros— *estrategia* es el plan de acción que hemos de desplegar necesariamente para obtener un resultado cuando tal resultado no está bajo nuestro control directo. Cuando lo que deseamos no depende sólo de nuestras decisiones sino que requiere también las decisiones de otra persona, de alguna forma debemos motivar a esa persona para que haga lo que nosotros queremos que haga. Si además esa otra persona depende a su vez de nosotros para obtener lo que ella quiere, estamos en una situación de *interdependencia estratégica*. Toda negociación se produce en ese contexto de interdependencia, que en la jerga de la *teoría de juegos* se llama precisamente *juego*.

En tales situaciones, la interdependencia de los resultados deseados origina en los agentes un comportamiento estratégico, es decir, cada uno despliega una serie de movimientos destinados a afectar las expectativas del otro para que éste actúe según nos conviene. Así se puede entender por qué para nosotros utilizar una estrategia no es lo opuesto a la decencia o a la sinceridad, ni siquiera a la bondad, sino simplemente a la ingenuidad. Y quien actúa de forma ingenua y no se da cuenta de cuáles son las reglas del juego se halla en riesgo inminente de ser manipulado y explotado.

Nuestra vida personal, social y profesional es una sucesión de situaciones interdependientes. Reconocerlas y anticiparlas nos permite estar alerta y nos ayuda a diseñar de forma preventiva una estructura relacional a prueba de explotación. ¿Cómo? Tomando en cuenta por anticipado el conjunto de los incentivos que mueven a las personas en sus interacciones. Saber lo que nosotros queremos obtener y detectar a tiempo cuáles son los objetivos que persiguen los otros, cómo afecta su comportamiento a nuestras expectativas y cómo nos inducen o cómo los inducimos a actuar en un sentido o en otro.

Ser estratega no significa tampoco ser sistemáticamente desconfiado. Significa dejarnos un margen suficiente de seguridad para así poder discriminar a tiempo entre quienes merecen nuestra confianza y quienes deben ser mantenidos a distancia. Ser estratega no significa ser egoísta o interesado porque si uno es solidario también necesita desplegar estrategias que aseguren la eficacia de la propia generosidad. Ser estratega no significa carecer de emociones; significa reconocerlas, gestionarlas y, singularmente, evitar la confusión entre los diferentes registros de comunicación, reservarse la facultad de graduar la proximidad.

La primera habilidad de un buen estratega es una habilidad de *reconocimiento*. Consiste en analizar y evaluar cada situación mediante la identificación de su estructura de incentivos. Si reconocemos esa estructura, podremos tener una idea aproximada de cuáles van a ser las reglas del juego. Por ejemplo: si pago por anticipado la totalidad del precio de un servicio o de un suministro, ¿qué interés tendrá el que lo ha prestado en regresar para reparar los desperfectos? Si soy el único que lleva el coche a esas vacaciones en una isla, ¿quién se pasará los días llevando y trayendo a todo el mundo al aeropuerto, a la playa y al supermercado? Si asumo sin reservas tareas fastidiosas, ¿quién se convertirá en el especialista indiscutido en tareas fastidiosas?

Estas simples situaciones —que cada uno puede trasladar mentalmente a cuestiones más serias que afectan a muchos aspectos de nuestras vidas— ilustran problemas sobre todo estratégicos. Cuando ya estamos metidos en la situación, resulta complicado evitar sus consecuencias. No las hemos reconocido a tiempo y estamos en una posición vulnerable porque no hemos sabido anticiparlas.

La segunda habilidad estratégica fundamental es precisamente la habilidad de *anticipación*. Anticipar significa prever los incentivos futuros de los demás para adoptar ahora nosotros —por anticipado— la decisión adecuada. El objetivo consiste en actuar ahora —cuando aún hay tiempo— para que, llegado el momento, nuestro posicionamiento en la estructura nos resulte más favorable. Es decir, no esperar a que la situación se produzca sin previsión ni control y nos pille en la peor posición sino, al contrario, prever lo que puede ocurrir y organizar anticipadamente un entorno seguro, en el que nuestros intereses estén protegidos.

El buen estratega sabe que hay que dejar una cantidad significativa pendiente de pago con el fin de que el pintor tenga un incentivo para reparar rápidamente los defectos de su trabajo, que no hay que ser el único que tenga coche en una isla, que no hay que asumir tareas fastidiosas sin establecer previamente las reglas de rotación o de compensación, que no hay que ser el que mejor distribuye los cacharros en el lavaplatos o el que mejor plancha o el que mejor pasea al perro, el que mejor prepara los horarios de clases o las estadísticas de ventas o el que puede hacer sin problemas siete recados en siete lugares distintos durante la pausa del almuerzo. El buen estratega (espero no parecer un monstruo egoísta) reconoce la asombrosa cantidad de personas en buen estado de salud y de fortuna, pero sin costumbre de conducir, que esperan que las devolvamos nosotros a su remoto domicilio después de una cena en el centro. La anticipación, por supuesto, consiste en ir a la cena en metro. La idea es simple: los problemas estratégicos solamente tienen soluciones estratégicas, y si diseñamos a tiempo la estructura adecuada todo lo demás caerá por su propio peso.

Para reconocer y anticipar necesitamos una tercera habilidad sin la cual nada es posible: la habilidad de *autorización*. ¿Por qué una y otra vez alguien se aprovecha de nuestra buena fe, o utilizamos el registro inadecuado o descubrimos demasiado tarde que estamos mal posicionados y que no tenemos recursos para defender nuestros intereses? Casi siempre por un déficit de autorización. La autorización es indispensable para comportarnos de forma estratégica en función de nuestros intereses legítimos y para no adherirnos automáticamente a las expectativas ajenas y a los roles que nos adjudican los estereotipos sociales.

Por supuesto, estamos hablando de una autorización interna; la autorización de uno mismo, no de los demás. Buscar la autorización fuera de uno mismo es un comportamiento de sumisión, incompatible con la defensa de los intereses propios. Buscarla en uno mismo reconstruye nuestra identidad y nuestra visibilidad. Sin autorización propia, nuestro comportamiento se infantiliza y no responde a nuestros intereses sino a la adhesión a las expectativas ajenas y a los roles que los estereotipos sociales nos adjudican.

El reconocimiento es una habilidad analítica e intelectual, basada en la inteligencia. La anticipación es un arte de acción en el que brilla la buena estrategia. La autorización es el resultado de una profunda reflexión moral sobre quiénes somos, es un proceso de maduración. Le dedicaremos una de las *leyes* de este libro (capítulo 6).

Los juegos de la interdependencia

Hay tres tipos básicos de situaciones de interdependencia estratégica o *juegos*: los *juegos de puro conflicto*, los *juegos de pura coordinación* y los *juegos mixtos de conflicto y cooperación*.[8]

En los juegos de puro conflicto, como ya hemos dicho al referirnos al conflicto de Oriente Medio, lo que uno gana el otro necesariamente lo pierde. Una confrontación bélica, un partido de tenis o una partida de ajedrez son juegos de puro conflicto. A este tipo de situación se la llama también *juego de suma cero*, puesto que, al perder uno lo que gana el otro, el saldo siempre es cero. Hay una estrategia básica para todos los juegos de puro conflicto: *adoptar un curso de decisión a prueba de anticipación deductiva por la otra parte*. En la Segunda Guerra Mundial, si los alemanes hubieran sabido con certeza que los aliados iban a desembarcar en las playas de Normandía, los habrían esperado con mayores fuerzas y quién sabe lo que

8. SCHELLING, T., *The Strategy of Conflict*, Harvard University Press, Cambridge (Mass.), 1980.

habría ocurrido. Pero los aliados se ocuparon de confundir las pistas lo suficiente para que los alemanes creyeran que Normandía no era más que una maniobra de distracción y que el auténtico desembarco iba a producirse en Calais.

En los juegos de pura coordinación, en cambio, los jugadores ganan o pierden simultáneamente. Paracaidistas lanzados tras las líneas enemigas que deben reagruparse, automovilistas que deben evitar un choque en fracciones de segundo, parejas que bailan una música que no conocen, todos ellos deben adoptar la misma estrategia básica: hallar una clave coordinativa en la que todos coincidan.

No obstante, ni los juegos de puro conflicto ni los juegos de pura coordinación son juegos negociales. No lo es el de puro conflicto porque no deja margen alguno para la cooperación, salvo si se cambia el modelo. No lo es el de pura coordinación porque no hay ningún conflicto que dirimir.

¿Cuáles son entonces los juegos de la negociación? Los juegos mixtos de conflicto y cooperación. Se trata de situaciones en las que se da a la vez un conflicto de intereses entre los jugadores y la necesidad de cooperación entre ellos para que cada uno pueda obtener mediante una decisión conjunta (el acuerdo) algo que valora más que lo que podría hacer por su cuenta, unilateralmente.

La dificultad inherente a las negociaciones deriva de su propia estructura. Hay que gestionar al mismo tiempo un incentivo competitivo y un incentivo cooperativo.

¿Cómo podemos enfrentarnos estratégicamente a los juegos mixtos, es decir, a las negociaciones? Tomando en cuenta dos factores básicos de los que se derivan todos los demás: la estructura y las expectativas. La estructura traduce los *incentivos* de cada uno de los jugadores, es decir, aquello que le *conviene* hacer dada su posición particular en el juego. Las expectativas se derivan de la percepción que cada uno tiene de lo que *puede* hacer y de lo que el otro probablemente va a hacer.

La gestión de las estructuras y de las expectativas controla el conjunto del juego. Desde el punto de vista puramente estratégico, la regla de comportamiento se formula así: *adoptar un curso de acción que la otra parte vaya a dar por seguro*. Es difícil captar ahora plenamente el sentido de esa prescripción. Más adelante, tendremos ocasión de desarrollarlo (sobre todo en el capítulo 10). Anticipemos ahora que la regla alude fundamentalmente a la *credibilidad* del negociador.

La operadora de telecomunicaciones (Madrid, 2010)

Una importante compañía de telecomunicaciones estaba a mediados de 2010 al borde de la quiebra. Había perdido la mitad de sus abonados. A partir de los cuestionarios de baja, dicha compañía llegó a la conclusión de que los clientes estaban tan descontentos con su servicio telefónico de asistencia técnica que tras innumerables llamadas infructuosas decidían cambiar de operadora.

El servicio telefónico de asistencia técnica a los clientes estaba a cargo de una empresa subcontratada. Existía, como es obvio, un contrato entre la empresa principal, la operadora de telecomunicaciones, y la subcontratada. En ese contrato se regulaban específicamente sus relaciones económicas. El trato era simple: la empresa subcontratada facturaba a la operadora un tanto por llamada telefónica atendida.

La mentalidad estratégica nos invita a preguntarnos lo siguiente: ¿qué incentiva un pacto de esta naturaleza? La respuesta es sencilla. Lamentablemente el incentivo de la empresa subcontratada es generar el máximo número de llamadas telefónicas posible para poder facturarlas después a la operadora principal. ¿Y cómo se puede generar un gran flujo de llamadas? No resolviendo nunca los problemas de los clientes para que éstos sigan llamando (hasta que se den de baja).

Como en todos los problemas estratégicos, en cuanto te haces la pregunta adecuada la respuesta emerge con naturalidad. La operadora de telecomunicaciones rescindió el contrato con la empresa de atención telefónica y organizó otro servicio en el que los telefonistas cobraban más si resolvían las demandas de los clientes en la primera llamada y menos cada vez, hasta no cobrar nada, si las llamadas por la misma causa se multiplicaban.

El pacto entre la Tosca y el barón Scarpia (Roma, 17 y 18 de junio de 1800)

Floria Tosca, protagonista de la ópera de Giacomo Puccini, es una bellísima cantante enamorada del pintor Mario Cavaradossi. La historia transcurre en el verano del año 1800, en la dorada y tenebrosa Roma sometida al yugo del absolutismo y singularmente al terror del malvado jefe de la policía, el todopoderoso barón Scarpia. El nudo dramático es el momento en que Cavaradossi, que ha sido condenado a muerte por conspirar contra la tiranía, espera en la cárcel para ser fusilado. Tosca acude desesperada a suplicar a Scarpia por la vida de Mario. Scarpia, que la recibe con un rictus libidinoso y malvado, le propone el siguiente trato: si eres mía aquí mismo, ahora, salvaré la vida de tu amante ordenando que lo fusilen sin balas. Él estará advertido, caerá al suelo fingiéndose muerto y cuando el pelotón se retire, podrás huir con él. Tosca acepta el trato con una condición: da primero la orden irrevocable de disparar sin balas y entonces seré tuya. Scarpia llama a un esbirro y le dice: «Prepara una ejecución simulada, como hicimos con el conde Palmieri, ¿lo entiendes?». El oficial se retira y Scarpia, como una torva encarnación del mal, se cierne sobre Tosca que, pálida como una muerta, va a entregarse a su verdugo. Pero en el momento del abrazo fatal, los espectadores descubrimos que Tosca ha encontrado sobre la mesa un afilado abrecartas y se lo hunde en la espalda al terrible Scarpia. Éste cae al suelo, agonizante. Tosca se aparta para verlo morir y dice con desprecio, mirando al público: «Y pensar que toda Roma temblaba frente a él».

En el acto siguiente, tras tomar una copa en el bar, asistimos a la representación de la ejecución. Cavaradossi va a ser fusilado con los cartuchos de fogueo. Vivirá, los enamorados podrán huir, el amor y la felicidad de los seres libres triunfará sobre el oscurantismo y la tiranía. Tosca contempla escondida la terrible escena. Mario cae como estaba previsto, los soldados se retiran y ella corre hacia su amante, diciendo: «Mario, Mario, somos libres, levántate, Mario, Mario...». Pero Mario no puede levantarse, está muerto. Scarpia también había traicionado el pacto. Tosca se arroja desesperada al foso del castillo.

El drama de la traición recíproca era previsible para quien piense estratégicamente. Puesto que ambos analizan de la misma forma la situación, ambos prefieren traicionar al otro antes de que el otro lo traicione a él. Lo mejor para mí es que el otro cumpla el pacto y yo lo traicione; en cambio, lo peor que me puede pasar es que yo lo cumpla y el otro me traicione. Así que los dos llegamos a la misma conclusión y los dos nos traicionamos, con lo que acabamos perdiendo aquello que más deseábamos conseguir.

Cuando la estructura del juego incentiva la traición, hay que presumir que la traición se producirá (se dice en tales supuestos que el *equilibrio* del juego es la traición), por lo que el pacto debe ser garantizado por algún agente externo. Por lo general, la función del Estado y del derecho consiste precisamente en prevenir o castigar la traición mediante mecanismos de identificación del incumplidor y la de imposición de un castigo disuasorio.

Quizá los últimos ejemplos arrojan una luz un poco triste sobre la condición humana. No, la cosa no está tan mal.

Por una parte, los *juegos de la traición* son en la mayoría de las ocasiones juegos únicos, «de un solo disparo», como se dice gráficamente. Cuando se pueden prever interacciones futuras, la traición deja de ser rentable. Nos convendrá más a ambos instaurar un patrón de reciprocidad cooperativa. No sólo el miedo al castigo de la ley sino muy especialmente los beneficios esperados de nuestras interacciones futuras nos mantienen en un curso de acción cooperativo. En términos generales, si hay futuro la cooperación aumenta.

Por otra parte, con el tiempo aprendemos a rectificar nuestro error de diagnóstico, denominado *prejuicio del pastel de tamaño fijo*. Como señalan muchos analistas, la mayoría de los conflictos de nuestra vida no son estrictas situaciones de puro conflicto, en las que lo que uno gana el otro necesariamente lo tenga que perder. Es más probable que las dos partes puedan ganar a la vez sin causarle un perjuicio correlativo al otro. Sin embargo, tendemos de forma rutinaria a enfrentarnos a cualquier conflicto como si fuera de puro conflicto. Y es esa predisposición de los contendientes lo que bloquea una gestión inteligente. Pero si se cambia el juego se descubre que el pastel puede crecer y quizá suministrar más nata al que prefiere la nata y más chocolate al que prefiere el chocolate.

Tres son las habilidades básicas del estratega: la capacidad de *reconocimiento*, es decir, de identificación y lectura estructural de las situaciones de interdependencia; la *autorización* interna, a saber, la remoción de roles y estereotipos invalidantes que nos mantienen consciente o inconscientemente en un relato de sumisión; y el sentido de la *anticipación*, entendida como la intervención actual en el diseño de las estructuras y de los incentivos futuros de manera adecuada para nuestros intereses.

Mira antes de cruzar

¿Por qué la tinta de la impresora es más cara que la impresora y por qué los antivirus de pago dejan de actualizarse en algún momento si no vuelves a pagar por ellos? Porque una vez te has comprometido en una dirección pierdes capacidad negocial. En cuanto estás atrapado, no puedes escapar sin pagar un rescate. Si estimas que el rescate es demasiado alto, prefieres seguir dentro de la trampa. Por tanto, antes de introducirte en una estructura, *anticipa*.

Si quieres que el pintor o cualquier otro profesional que ha estado trabajando en tu casa o en tu negocio termine adecuadamente la tarea y regrese si es necesario para rehacer lo que haya quedado mal y dejarlo todo en perfecto estado de revista ya sabes lo que debes hacer: no pagar nunca por anticipado. Pagar en varios plazos y dejar pendiente una suma importante hasta que todo esté perfecto y se haya descartado cualquier posibilidad de llevarse alguna sorpresa. La idea, de nuevo, es simple. Consiste en diseñar una estructura, ahora que todavía estás a tiempo, de tal manera que, si llega, el conflicto te encuentre en una posición dominante, o al menos no en una posición dominada. Como hemos dicho más arriba, se trata de suministrar un incentivo a la otra parte para que le convenga hacer lo que tú quieres que haga.

Siempre que sea posible, evita que el cumplimiento de la prestación de la otra parte quede fuera de tu control. No firmes exclusivas sin garantías, no admitas prórrogas tácitas que prolonguen tus obligaciones, no te dejes atrapar en situaciones de las que no podrás salir por ti mismo, es decir, *mira antes de cruzar*. Cuando trabajas en una empresa o institución, abandonar el empleo y buscar otro, cambiar de ciudad o de país y modificar tus referencias y formas de vida tiene notables costes. Por esta razón los salarios tienden a la contención. Sin embargo, verás con sorpresa que un fichaje proveniente del exterior de la empresa es altamente remunerado. Se trata de un *pago por anticipado*. El nuevo directivo ha utilizado su capacidad negocial cuando aún la tenía y se ha asegurado un salario alto y probablemente garantías económicas en caso de despido. Tenlo en cuenta. Lo que no consigas de entrada difícilmente lo obtendrás después, cuando tu margen de maniobra se habrá reducido. Aspira a lo más alto, desde el principio. Sí, sabemos que es más fácil decirlo que hacerlo, pero, aunque de momento no veamos la forma de implementar esa idea, sólo con tenerla en reserva nos hallamos en una situación más provechosa.

Estructuras de tres (la guerra del Beagle, 1978)

¿Cómo podemos conseguir que la rehabilitación de la fachada del edificio, los patios interiores y los bajantes se ejecute a la perfección? ¿Qué empresa debemos elegir? ¿Qué presupuesto es el más conveniente? Ese tipo de cuestiones, de gran envergadura económica, consumen tiempo y paciencia en las reuniones de copropietarios y normalmente se dejan en manos del administrador, quien deberá pedir diversos presupuestos y elegir el que se ajuste mejor. Sin embargo, ese procedimiento, que es adecuado, gestiona únicamente una fase: la de la elección de la empresa. En cambio, deja fuera de control el tramo más importante: la ejecución de la obra. ¿Qué garantías tenemos de que será impecable? La empresa tiene buena reputación, es seria, ha hecho otros trabajos que han salido bien. ¿Acaso no es suficiente? No, no lo es. Porque ¿quién controla esa ejecución? La empresa tiene un arquitecto, es un buen profesional, vendrá una vez por semana para ver que todo esté en orden. No basta. Por buena que sea la empresa y por mucha confianza que nos inspire su arquitecto, la estructura presenta un problema de incentivos. La empresa tiene el incentivo de trabajar deprisa y con el menor coste posible, y el arquitecto depende de esa empresa para obtener trabajo. Hagamos algo simple pero eficaz. Procedamos de manera objetiva, con independencia de la confianza: contratemos a un arquitecto independiente, remunerado por nosotros, cuya misión sea controlar semanalmente la obra y autorizar los pagos. Ahora los incentivos de cada cual concuerdan con nuestros intereses. La obra se ejecutará a la perfección.

¿Cómo podemos estructurar sabiamente una disputa que pone a dos países al borde de la guerra?

Un enrevesado conflicto entre las repúblicas de Argentina y Chile por la soberanía de las islas Picton, Lennox y Nueva, situadas en la parte oriental del canal de Beagle, a la altura de Tierra del Fuego, fue subiendo de tono hasta culminar en una confrontación de las respectivas fuerzas navales en las aguas del canal en la noche del 21 al 22 de diciembre de 1978. Una providencial tormenta evitó la batalla y dio ocasión al Vaticano para ofrecerse como mediador. Los dos países sufrían en ese momento dictaduras militares. Apelando al patriotismo y al peligro del enemigo exterior, habían conseguido un clamor popular a favor de la guerra. ¿Ante quién podían abdicar de la gestión bélica del conflicto sin perder la cara dos caudillos golpistas sino ante el mismo representante de la divinidad en la tierra? La iniciativa papal les proporcionó la ocasión perfecta para suspender las hostilidades y abandonarse honorablemente a las sabias técnicas dilatorias de la diplomacia vaticana. En 1984, es decir, seis años más tarde, se firmó un tratado de paz. Un fino analista norteamericano declaraba que la inacción del Vaticano le ponía muy nervioso, que él habría actuado enseguida, organizando reuniones, proponiendo hojas de ruta, y que así habría hundido la mediación y reavivado el conflicto. Porque, como se comprobó más tarde, la diplomacia vaticana sabía perfectamente que había que ganar tiempo («Nuestro jefe no tiene prisa», decía el arquitecto Gaudí mirando al cielo cuando le reprochaban la lentitud de las obras del templo de la Sagrada Familia de Barcelona) y que las circunstancias que hacían irresoluble el conflicto iban a disolverse poco a poco, como así fue. Los gobiernos militares cayeron, la población fue perdiendo interés en las reivindicaciones soberanas, los diferentes elementos de la confrontación pudieron tratarse por separado, la inteligencia recuperó el espacio y se acabó firmando la paz en un contexto que ya no tenía nada que ver con el de la noche de la frustrada batalla naval.

Algo para recordar

- Se puede (y se debe) ser estratega y buena persona a la vez.
- Las estructuras de incentivos determinan el comportamiento esperable.
- Anticipa ahora, después será tarde.
- Las perspectivas de futuro elevan el nivel de la cooperación.
- No seas envidioso, no midas tus ganancias en función de lo que gana el otro porque ese cálculo es propio de los juegos de puro conflicto.

4

Todo conflicto es gestionable, pero no siempre es negociable

Una clasificación de los conflictos

Los conflictos pueden ser de muchas clases, en función de la multitud de variables que los originan. Los expertos en conflictos y en mediación trabajan con una herramienta muy útil de clasificación: se preguntan cuál es la característica más relevante de un conflicto en particular; en otras palabras, qué clase específica de combustible alimenta el incendio. Moore[9] los clasifica de la siguiente manera:

a) Conflictos sobre los datos

Causas:

- Carencia de información.
- Información defectuosa.
- Opiniones diferentes acerca de lo que es relevante.
- Interpretaciones diferentes de los datos.
- Diferentes procedimientos de valoración.

9. MOORE, Ch., *The Mediation Process*, Jossey Bass, San Francisco, 1986. [Hay trad. cast.: *El proceso de mediación*, Granica, Barcelona, 1997.]

Posibles intervenciones:

- Alcanzar un acuerdo acerca de qué datos son los importantes en el caso concreto.
- Acordar un procedimiento para obtener datos.
- Desarrollar criterios comunes para valorar los datos.
- Remitirse a terceros expertos para obtener opiniones independientes o para salir de puntos muertos.

b) Conflictos de intereses

Causas:

- Situación de competencia (percibida o real).
- Intereses sustantivos en conflicto.
- Intereses procedimentales en conflicto.
- Intereses psicológicos en conflicto.

Posibles intervenciones:

- Centrarse en los intereses, no en las posiciones.
- Buscar criterios de solución objetivos.
- Desarrollar soluciones integradoras de las necesidades de todas las partes.
- Buscar maneras de ampliar las opciones o alternativas de solución, y los recursos disponibles.
- Desarrollar intercambios o compensaciones para satisfacer intereses de diferentes intensidades.

c) Conflictos estructurales

Causas:

- Patrones de comportamiento o de interacción destructivos.
- Desigualdad en el ejercicio del control, la propiedad o la distribución de recursos.

- Desigualdad en el ejercicio del poder y la autoridad.
- Factores geográficos, físicos o ambientales que impiden la cooperación.
- Limitaciones temporales.

Posibles intervenciones:

- Definir claramente y cambiar los roles de cada uno.
- Reemplazar los patrones de comportamiento destructivo por otras de comportamiento cooperativo.
- Resituar la propiedad o el control de los recursos.
- Establecer un proceso de toma de decisiones imparcial y mutuamente aceptable.
- Pasar de una negociación por posiciones a una basada en el análisis de intereses.
- Modificar los medios de influencia utilizados por las partes (menos coerción, más persuasión).
- Modificar el tipo de relaciones físicas y ambientales entre las partes (cercanía y distancia).
- Modificar las presiones externas sobre las partes.
- Cambiar las limitaciones temporales (más o menos tiempo).

d) Conflictos de valores

Causas:

- Diferencias de criterio al evaluar las ideas o los comportamientos.
- Existencia de objetivos sólo evaluables intrínsecamente.
- Diferencias en las formas de vida, ideología y religión.

Posibles intervenciones:

- Evitar definir el problema en términos axiológicos.
- Permitir a las partes estar de acuerdo o en desacuerdo.
- Crear esferas de influencia en las que domine un conjunto de valores.

- Buscar un objetivo jerárquicamente superior que todas las partes compartan.

e) Conflictos en las relaciones

Causas:

- Presencia de una alta intensidad emocional.
- Percepciones equivocadas u opiniones estereotipadas.
- Comunicación pobre o malentendidos.
- Comportamiento negativo reiterado.

Posibles intervenciones:

- Controlar la expresión de las emociones a través del proceso de aceptación de reglas básicas, de reuniones privadas con las partes, etc.
- Promover la expresión de las emociones legitimando los sentimientos y suministrando el cauce adecuado para ello.
- Clarificar las percepciones de las partes y construir percepciones positivas.
- Mejorar la calidad y la cantidad de la comunicación.
- Bloquear los comportamientos negativos reiterados cambiando la estructura.
- Incentivar las actitudes positivas de resolución de problemas.

El espacio de la negociación

Por supuesto que en la realidad los conflictos no aparecen clasificados. Cada conflicto real contiene ingredientes de diversas clases que es preciso discernir, pero casi siempre presenta una propiedad dominante. La guía de Moore es un utilísimo mapa que nos servirá para orientarnos.

Donde puede actuar la negociación es principalmente en los conflictos de intereses, aunque sin duda el negociador ha de saber gestionar también los otros tipos de conflictos. Como se dice de los trenes, *un conflicto puede ocultar otro conflicto*, y habrá que abordar distintos problemas simultáneamente y cada uno por un itinerario diferente. En un divorcio que se desarrolle con un alto grado de hostilidad, por ejemplo, no se podrá resolver el conflicto de intereses hasta que no se haya gestionado de alguna manera el conflicto personal entre ambos cónyuges. Entre Israel y Palestina tampoco se podrá llegar a ningún acuerdo sin abordar al mismo tiempo los problemas estructurales. La pugna entre los propietarios de la Sagrada Familia de Barcelona y la administración ferroviaria es en realidad un conflicto sobre los datos: ¿la perforación de un túnel y el paso de los trenes junto al templo de Gaudí ponen o no al edificio en peligro? Al mismo tiempo hay una lucha, no tan soterrada como el túnel, por las áreas de influencia respectivas. En general, los conflictos menos susceptibles de ser abordados negocialmente son los conflictos de valores o creencias. Un valor o una creencia religiosa, por definición, no están en el mercado, no se compran ni se venden, no se intercambian. La gestión de la confrontación de valores debe ser gestionada extranegocialmente.

El hiyab en las escuelas republicanas (Francia, 1989-2004)

En junio de 1989 trascendieron los primeros casos de alumnas de instituto que acudieron a clase con la cabeza cubierta por el pañuelo islámico. El hiyab es un símbolo religioso notorio que puede ser interpretado, desde un punto de vista externo, como un instrumento y una expresión del sometimiento de la mujer musulmana al orden patriarcal. En septiembre de ese mismo año, tres alumnas fueron expulsadas de un colegio público tras negarse, tanto ellas como sus padres, a quitarse el pañuelo para asistir a la escuela. Un amplio debate sobre la cuestión se extendió por el país. La posición oficial mantenía la necesidad de conciliar dos principios: la escuela es un espacio laico, en el que no se puede exhibir ostensiblemente una confesión religiosa; sin embargo, está concebida para acoger a los jóvenes, no para excluirlos. De hecho, las tres alumnas expulsadas pudieron regresar al instituto tras un acuerdo transaccional: se quitarían el pañuelo al entrar en las aulas.

No obstante, esta primera solución abrió un período de gran indefinición. El director de cada instituto debía entenderse con alumnas y padres en un contexto de gran revuelo mediático. La pieza «director de instituto» empezó a sufrir una presión estructural excesiva, para la que no estaba diseñada. Cuando tal cosa ocurre en una máquina es sólo cuestión de tiempo que la pieza se rompa y el conjunto deje de funcionar. El abordaje negocial del conflicto del hiyab iba a tener un recorrido muy corto. La razón básica es obvia: llevar el hiyab es (o pretende ser, lo cual es casi lo mismo) un valor, una creencia, y mientras siga siendo un valor o una creencia será difícil que la parte que mantiene tal valor acceda a renunciar a él a cambio de otra cosa.

Los incidentes se multiplicaron, y también el debate público, que se complicó por las conexiones del tema con el comunitarismo, la multiculturalidad, la integración de los extranjeros, el racismo y la opresión de la mujer. Además, como suele suceder a menudo en Francia, se presentó como la oposición entre las luces de la razón y el oscurantismo de las religiones. Las diversas resoluciones judiciales y administrativas mantuvieron la ambigüedad y los directores de los institutos estaban solos haciendo frente a la tormenta. La situación se hacía claramente insostenible.

Por fin, en 2004, una ley prohibió mostrar en el espacio laico que es la escuela pública cualquier signo ostensible de confesión religiosa, lo cual incluye el hiyab, la kipá judía y las grandes cruces. La ley excluye de la prohibición los símbolos discretos, normalmente de pequeño tamaño. Por ahora el problema parece resuelto aplicando el viejo principio de la separación entre la Iglesia y el Estado y dejando a cada cual su ámbito de influencia.

Hay otras opciones, por supuesto. La más evidente es considerar que llevar el hiyab o no llevarlo es una opción sin trascendencia jurídica y que por tanto el derecho no ha de ocuparse del asunto. Nuestro propósito era simplemente mostrar que si estalla un conflicto de valores la opción negocial suele ser la peor.

¿Se puede negociar el interés general?

Acabamos de comprobar que los conflictos de valores difícilmente pueden ser gestionados por medio de la negociación. En el caso del hiyab, hemos identificado dos opciones no negociales igualmente plausibles: la *prohibición*, fundada en un principio de interés general (la escuela pública republicana es un espacio laico que no admite interferencias religiosas), o la *neutralidad*, también fundada en un principio de interés general (el Estado no debe interferir en la libertad de elección de los ciudadanos salvo si causa un daño injustificado a terceros). Pero ¿cómo se determina cuál es el interés general? O, mejor dicho, ¿cuál es el mejor procedimiento para llegar a una conclusión sobre cuál es el interés general en cada caso?

Se suele decir que un político ha de tener capacidad para negociar y obtener consensos. Sin duda ese lugar común es parcialmente cierto, pero habría que completar la idea y, en particular, precisar a qué tipo de consensos nos referimos.

La negociación, a la que dedicamos este libro, se produce entre personas que buscan la maximización de sus respectivos intereses particulares. El proceso negociador conduce (o no) a un *consenso estratégico*, un equilibrio entre preferencias autointeresadas, resultado de intercambios y ajustes, muy sesgado por el poder negocial de cada parte. Tiene más ventajas que inconvenientes y es un procedimiento que funciona bien en la gestión de los conflictos de intereses privados. En cambio, el interés general —si merece el nombre de general— difícilmente puede ser el resultado de una negociación entre intereses particulares.

Parece emotivamente correcto sostener que las decisiones que afectan a determinados grupos de ciudadanos han de ser adoptadas muy cerca de tales ciudadanos, que eso es lo mejor para la democracia. Sin embargo, sabemos desde la Antigüedad que cuanto más cerca está la competencia o la influencia sobre la decisión de quien tiene un interés particular en ella, más alejado estará el resultado del interés general. Las reformas universitarias, o las de la administración de justicia, por ejemplo, están controladas por los propios destinatarios de la reforma en cuestión —debido a una perversión del concepto de *autonomía universitaria* o de *independencia judicial*—. Nada debe esperar la sociedad de tales procedimientos. Como se decía de la guerra y de los militares, la universidad o la administración de justicia son cosas demasiado serias para dejarlas en manos de los universitarios o de los jueces.

Cigarrillos, costas, ríos y estaciones de tren

La prohibición de fumar en espacios públicos, por ejemplo, no es el resultado de una negociación entre los no fumadores con los fumadores, ni con los fabricantes de tabaco ni con los propietarios de bares. La decisión no puede depender del poder de negociación de cada parte porque en tal caso dejaría de estar fundada, por definición, en un principio de interés general. La protección de las costas, el libre acceso a las playas y a los caminos de ronda tampoco pueden dejarse en manos de una negociación entre los propietarios de los terrenos costeros y de los habitantes del interior, o entre municipios, o entre comunidades. Menos aún se puede confiar a la autorregulación —es decir, atribuir competencias urbanísticas excesivas o poco controladas a los ayuntamientos—, por una razón puramente estratégica: para cada municipio de la costa, considerado de forma aislada, representa un incentivo conceder el mayor número de licencias de construcción, mientras espera que quien respete el paisaje y el patrimonio natural sea el municipio de al lado. De hecho, los ayuntamientos costeros están atrapados estratégicamente. Saben que la destrucción del paisaje acabará arruinándolos, pero no pueden dejar de destruirlo.

En términos estratégicos, los dilemas de acción colectiva —aquéllos en los que la suma de incentivos individuales lleva a un resultado colectivo ineficiente— sólo pueden ser resueltos por una autoridad externa a los titulares de los intereses particulares, siempre que esa autoridad defienda el interés general. Sin una autoridad exterior capaz de imponer un cambio de preferencias, el resultado final de una interacción colectiva no cooperativa en la que cada cual sigue su incentivo particular es una sociedad de *free-riders* (parásitos) que camina velozmente hacia el estado de naturaleza (donde la vida es miserable y corta, entre otras propiedades). Cuando se llega a ese punto, la ausencia del Estado la cubren las mafias, y la sociedad mafiosa se caracteriza precisamente por el incumplimiento generalizado de las leyes y la sustitución de la sociedad de ciudadanos por los clanes familiares o tribales de protección recíproca.

El consenso, en relación con el interés general, ha de ser más bien un *consenso razonado*, resultado de un proceso argumentativo, un equilibrio entre preferencias imparciales. Constatado el daño que causa el humo del tabaco a las personas que concurren a los lugares públicos y a quienes trabajan en ellos, y dada la prioridad de la protección de la salud pública, se llega a un consenso imparcial sobre la necesidad de la prohibición, con independencia de que uno sea o no fumador. Una vez establecido, el principio no admite excepciones basadas en el poder negocial. Las supuestas inversiones de un *magnate estadounidense*, por ejemplo, no podrían justificar la desprotección de la salud de uno solo de sus empleados. Definidas las costas como un bien público no apropiable de manera excluyente por los particulares, se determinan los usos permitidos y los accesos en igualdad de condiciones para todas las personas con independencia de la ubicación geográfica de su residencia o de sus propiedades. La paradoja reside en que una vez se ha impuesto el interés general sobre el particular cada municipio está mejor de lo que estaría si le hubieran dejado seguir su incentivo depredador.

La motivación imparcial, dirigida a obtener la mayor efectividad del interés público, es en general incompatible con la motivación negocial si ésta se entiende como encaminada a la maximización del interés propio. Por ejemplo: ¿cuáles son los criterios posibles para organizar un plan hidrológico? Debe de haber docenas de criterios defendibles para repartir el agua de un país (la mayor necesidad, el menor coste, la eficiencia, el punto de vista científico, el menor daño ecológico), pero sin duda el poder de negociación no es uno de ellos. Sería un fracaso social que tuviera más agua o mejores escuelas o mejor asistencia médica quien gozara de un mayor poder de negociación y únicamente por esta razón.

Por tanto, habrá que estar atento a las llamadas a la negociación en el debate político cuando está en juego el interés general.

Normalmente tales llamadas encubren motivaciones corporativas y lobbistas y pretenden confundir los dos tipos de consensos, creando una confusión que suele tener como consecuencia la pérdida de eficiencia en la provisión de bienes públicos y de derechos individuales.

Por ejemplo, el trazado de las líneas del ferrocarril de alta velocidad y la ubicación de sus estaciones son el resultado de un proceso complejo en el que deben articularse objetivos de optimización del servicio público y condicionantes de eficiencia técnica y económica. Pero si la decisión sobre la ubicación de una estación fuera el resultado de un proceso de negociación entre el Ministerio de Fomento y los caciques locales de tres ciudades que se disputan la proximidad de aquélla, el consenso dejaría de ser razonado para ser puramente negocial. Si tal cosa ocurriera, una estación en medio de la nada, equidistante de las tres localidades, denunciaría durante generaciones la ominosa sustitución del interés público por la satisfacción de torpes intereses caciquiles.

El consenso negocial, cuando se trata del interés general, tiene otra característica muy fácilmente reconocible: siempre recae sobre la propuesta más mediocre. Si las normas de regulación bancaria se negocian con los banqueros, el paraguas tendrá tantos agujeros que perderá toda eficacia y, de hecho, resultará peor que no tener paraguas. Otra cosa muy distinta es *escuchar las razones* de los afectados por una norma. Ello es del todo admisible precisamente porque el interés general *se razona*, pero no se negocia. Una ministra de Educación resumió la cuestión de manera castiza, y un tanto brutal, cuando las universidades le protestaban una ley que no les había sido consultada: «La ley de caza no se negocia con los conejos», les espetó a los atribulados rectores.

Algo para recordar

- Intenta identificar las propiedades más relevantes de un conflicto, por orden de intensidad.
- Separa las diferentes partes y gestiona cada una según el procedimiento indicado.

- Si la traición es rentable, se producirá.
- Si eres gobernante, escucha a todo el mundo, pero no busques consensos fuera de lugar.
- Ejercer la autoridad al servicio del interés general es un deber ético y también jurídico.
- Pon a cada uno frente a sus responsabilidades respectivas.
- Si quieres evaluar la justicia de un criterio de asignación o de reparto, pregúntate qué criterio defenderías si no supieras en cuál de los dos lados vas a estar.

5

Las palabras no son lo más importante (lo son las expectativas)

Todos nos comportamos según nuestras expectativas. Si tales expectativas están manipuladas nuestra vida ya no nos pertenece: es el negocio de otros.

La negociación no está hecha únicamente de palabras

Durante mucho tiempo se consideró que la negociación era una habilidad comunicativa más, un conjunto de capacidades de expresión, persuasión y argumentación. De hecho, cuando imaginamos una negociación, nos representamos a varias personas intercambiando argumentos o exigencias sobre las condiciones de un acuerdo, cada parte en un lado de una mesa, o a dos abogados discutiendo un contrato, o a los representantes sindicales tratando de un nuevo convenio colectivo con los representantes de la dirección de una empresa, o situaciones por el estilo.

Es cierto que muchas negociaciones se desarrollan así. Son procesos reconocibles para quienes están interviniendo en ellos y también, en gran medida, para quienes puedan observarlos desde el exterior. Sin embargo, no siempre siguen este modelo ni esta puesta en escena. En muchas ocasiones la negociación es menos reconocible, no sólo para quienes la observen desde fuera, sino incluso —y éste es el punto clave— para alguna de las partes negociadoras.

¿Es posible que una de las partes negociadoras no se dé cuenta de que está en un proceso negocial? Sí, es posible, incluso muy frecuente. Pero entonces, ¿cómo hará valer sus intereses y cómo conseguirá sus objetivos? No podrá hacer valer sus intereses ni conseguirá sus objetivos. ¿Y cómo puede llegar a ocurrir algo así? Porque en realidad la negociación no está hecha sólo de palabras y porque muchas veces las palabras ni siquiera tienen importancia.

El contrato que llega por correo postal (Barcelona, 2008)

El joven profesor recién doctorado ha conseguido un editor para su tesis: *La subvención como instrumento de la política agrícola en la Unión Europea*. El tema es de actualidad y el trabajo tiene aplicaciones prácticas que pueden interesar a un amplio sector de ruinosos productores de excedentes caros y a sus consejeros legales con conexiones en Bruselas. Debidamente aligerada de sus increíblemente largas notas a pie de página, simplificada su estructura, disimulado en lo posible su origen como instrumento de tortura académica aplicado a los jóvenes aspirantes a profesores de universidad, la tesis pronto se convertirá en un libro titulado *Cómo conseguir dinero comunitario a fondo perdido*. El joven profesor está realmente encantado. Hoy ha llegado el contrato de edición, en un sobre grande, en dos ejemplares impresos o que, por lo menos, parecen impresos, firmados ya por el director de la prestigiosa editorial que publicará el libro. De acuerdo con las amables instrucciones de la carta adjunta, el joven profesor ha firmado a su vez uno de los ejemplares, lo ha devuelto a la editorial y ha conservado el otro en su poder. Muy pronto la obra estará en las librerías.

¿Qué título le darías a esa historia? ¿Qué acaba de ocurrir? ¿Se ha negociado algo? ¿Alguien se ha sentado a una mesa y le ha dicho a otra persona situada frente a él: «Vamos a negociar un contrato de edición»? Por supuesto que no, y sin embargo... Sin embargo, se acaba de suscribir un contrato, un acuerdo de voluntades, con muchas cláusulas, con muchas fórmulas legales y remisiones a disposiciones jurídicas, con cesión de los derechos de explotación, en todas las lenguas, para todos los países, en todas las modalidades posibles, en todos los soportes, incluyendo el electrónico y digital y la difusión por internet, por el máximo plazo legal, en exclusiva, sin ningún anticipo a cuenta de los derechos de autor, que empezarán a ser liquidados, si todo va bien, dentro de un año y medio. De todas las posibles formas que puede adoptar un contrato de edición, el joven profesor acaba de firmar aquélla —perfectamente legal, el problema no reside ahí— que más derechos otorga al editor y menos al autor.

¿Y cómo ha podido suceder todo eso? Hay una razón: una de las dos partes —en este caso el joven profesor— no ha reconocido la situación como de negocial.

¿Por qué? Porque el proceso negocial que se ha producido no ha sido explícito, sino tácito.

Una parte ha presentado un papel escrito. La otra parte lo ha suscrito. Si concebimos la negociación únicamente como una habilidad verbal (todavía muchas personas la conciben así), estamos perdidos. Se nos va a escapar, pues no reconoceremos la parte más importante, aquélla en la que se despliegan los movimientos estratégicos no verbales que pueden ser decisivos para inducir un resultado determinado. Cuando nos sentemos a hablar, ya no quedará margen de maniobra. El envío del contrato firmado con el ruego de que se devuelva por correo tiene una finalidad aparente: facilitar el trámite y acelerar el proceso de publicación del libro. No obstante, en realidad tiene un objetivo estratégico: conferir al contrato la apariencia de irreversibilidad suficiente para inducir a la otra parte a firmarlo tal como está.

El joven profesor ansioso por publicar no es el único que ha recibido de su editorial el contrato de edición redactado. Todos los autores que no tienen agente lo reciben de este modo, bien por medio del venerable correo postal, bien como documento adjunto a un correo electrónico, en este último caso en formato PDF, con vocación de ser inmodificable. Se espera —y así ocurre en la mayoría de los casos— que el autor firme el documento y lo devuelva a la editorial. ¿Y por qué suele firmarlo? ¿Por qué firmamos los documentos que el banco nos pone delante, o el contrato impreso de alquiler que utiliza con tanta naturalidad el representante del propietario, o la escritura del notario que no hemos leído, o las condiciones de uso de una licencia, o el contrato de suministro de una compañía, o esa absurda póliza de seguros que cubre los riesgos de que a nuestra casa le caiga encima un meteorito pero que limita la indemnización por escapes de agua o por robo si estamos ausentes del lugar más de tres días?

Recordemos los conceptos básicos del capítulo anterior: firmamos —y renunciamos a la defensa inteligente de nuestros intereses legítimos— por ausencia de reconocimiento, por ausencia de autorización y por ausencia de anticipación. Es decir, o bien no reconocemos la situación como negocial, o bien no nos atrevemos a discutir porque nos da miedo quedar mal o actuar de forma que se considere no apropiada, o bien no estamos suficientemente preparados y nos parece que la situación actual no tiene otra salida. Normalmente los tres fenómenos actúan a la vez en proporciones e intensidades variables.

Hemos de reaccionar. Quizá nos ayude pensar que la parte más poderosa —o la que se toma por más poderosa— ha hecho cuanto ha podido para inducirnos a descuidar la defensa de nuestros intereses legítimos. Y que de ninguna manera hemos de consentir que eso vuelva a ocurrir. Nunca, en ningún caso. Y que vamos a entrenarnos a fondo y desde ahora para evitar que se repita.

Como siempre, el entrenamiento empieza por el reconocimiento. Para ello tenemos una pista infalible: toda acción (u omisión) de la otra parte —o controlada por la otra parte— que tiene un *impacto en nuestras expectativas* (en el sentido de rebajar nuestras esperanzas de conseguir un buen resultado) es un movimiento estratégico, que forma parte de la estrategia negocial del otro, tanto si está expresada con palabras como por cualquier otro medio.

Cuando nos presentan un documento impreso y firmado, nos desmoralizan con esperas desconsideradas o interrupciones telefónicas, afirman que no están autorizados a modificar una cláusula contractual o anuncian que ésta es la última oportunidad que tenemos para beneficiarnos de una oferta especial de descuentos, estamos ante un movimiento estratégico que quiere afectar nuestras expectativas en el sentido que le conviene a quien lo utiliza. Por supuesto, colocar el cartelito de «Reservada» sobre las mesas de los restaurantes es un recurso estratégico que permite al maître atribuir las mesas según su propio criterio.

Con expresiones que van desde la más tosca —«mi precio es éste, o lo tomas o lo dejas»— hasta la más sofisticada —«creo sinceramente que nadie podría proponerte mejores condiciones, firma antes de que me desautoricen»—, los negociadores están constantemente tratando de convencer al otro de que debe aceptar una propuesta determinada porque no habrá en ningún caso una oferta mejor. El comportamiento negocial básico incluye siempre fórmulas como las siguientes: «esto te dolerá a ti más que a mí», «yo no tengo prisa», «yo tengo alternativas mucho mejores», «debo de estar loco para ofrecerte tanto», «éste es un producto financiero con el que el banco pierde dinero, se lo ofrezco a usted porque es un buen cliente, pero el plazo se acaba mañana». Muy pocas veces tales afirmaciones tienen algo que ver con la realidad, y de hecho son desmentidas sin rubor por el siguiente movimiento del mismo negociador que las ha formulado, pero muestran una forma elemental y básica de intentar afectar las expectativas de los otros para que éstos adopten a continuación la decisión que conviene al que utiliza la técnica.

Recordemos la noción básica del comportamiento estratégico: cuando cada uno depende del otro para conseguir lo que quiere, cada uno pone en marcha un plan para conseguir que el otro haga aquello que más le conviene a uno. Las dos partes observamos y evaluamos: ¿qué piensa el otro?, ¿qué piensa el otro que yo pienso?, ¿qué va a hacer?, ¿qué debo hacer yo?, ¿qué es lo mejor que puedo hacer para que él acabe haciendo lo que yo quiero?

Esta dependencia de nuestras acciones de aquello que pensamos que el otro hará, y viceversa, se llama interdependencia de expectativas. Es decir, cada movimiento que realizamos depende de lo que pensamos que el otro va a hacer y pretende a su vez afectar las acciones futuras de los otros en el sentido que a nosotros nos conviene. Ese conjunto de movimientos y contramovimientos forman parte de lo que llamamos la negociación tácita.

El simple hecho de reconocer un movimiento estratégico del adversario es el primer paso para llegar a su neutralización. Ya no estamos ciegos. Ya no estamos a la merced de fuerzas que no reconocemos. Ya identificamos una táctica. Ya no nos afecta como nos afectaría si no nos hubiéramos dado cuenta. Ya podemos pensar en cómo contrarrestarla. Aunque de momento nos parezca que no tenemos una respuesta adecuada, hemos despejado un lugar en nuestro cerebro para que se construya la autorización. A partir de ahí la buena idea llegará por sí sola.

Los movimientos estratégicos más importantes, si consideramos las negociaciones en su conjunto, son los anclajes y las autorestricciones. Son técnicas complejas, que requieren competencias específicas y que si se ejecutan adecuadamente tienen efectos temibles. Por ello les vamos a dedicar sendas *leyes* (respectivamente, los capítulos 9 y 10).

Manipulación de expectativas, paso a paso (Wall Street, 2008)

La globalización tecnológica, un impresionante salto adelante en el progreso humano, ha facilitado también la manipulación a escala planetaria. Los financieros de casino parasitan los circuitos de la información y consiguen imponer una representación del mundo acorde con las finalidades depredadoras que persiguen.

Veamos los procedimientos que ponen en práctica.

Si uno decide vender el apartamento que posee en Sant Pol de Mar, el agente inmobiliario le dirá: «El mercado está parado, si de verdad quiere vender hay que reducir el precio de antes de la crisis a la mitad». Si uno quiere comprar un apartamento en Sant Pol de Mar, el mismo agente le dirá: «No espere encontrar gangas, a pesar de la crisis los precios aquí siguen siendo altos, incluso han subido, es un lugar privilegiado». Los mensajes parecen contradictorios, pero tienen un sentido. El intermediario intenta resituar y rebajar las expectativas respectivas de vendedor y comprador para aproximarlas y así incrementar las posibilidades de que se concreten operaciones. En eso consiste su negocio.

El sistema financiero internacional hace lo mismo, sólo que en lugar de economía real opera con economía fantasmal. Primero siembra serias dudas sobre la solvencia de un país. Es fácil hacerlo, porque cualquier país —como cualquier empresa— está sometido a la misma ley física que las bicicletas: si se paran se caen. De hecho, podemos sostener que toda gran empresa que funcione bien está siempre en quiebra virtual. Lo vemos claramente en el caso de los bancos, cuyas reservas sólo cubren una mínima parte de los depósitos que deberían devolver si les fueran reclamados todos al mismo tiempo. Añadamos el efecto de la profecía autocumplida en que se basan las agencias de rating: si todo el mundo cree que un país o una empresa va a quebrar, la quiebra se producirá a causa de tal predicción.

En el caso de las uniones monetarias, una vez asentada, la predicción de insolvencia de uno o varios de los países miembros asegura un doble beneficio: por un lado, altos intereses para los prestamistas porque, según el axioma, a mayor riesgo mayor remuneración; por el otro, eliminación del riesgo por el mecanismo de los rescates. No hay riesgo, pero seguimos cobrando altos intereses. Una operación magistral.

Los ciudadanos de buena fe se preguntan varias veces al día: ¿cómo es posible que estemos tan mal?, ¿cómo vivíamos tan confiados, sin ver lo que se nos venía encima? La respuesta se encuentra en el arte de la manipulación política. Más concretamente, en un recurso estratégico llamado *paso a paso*. Consiste en adoptar o inducir decisiones aparentemente aisladas, cuya finalidad es conducir de forma insidiosa a un resultado último previsto de antemano. De esta manera las víctimas de la manipulación no tienen visión de conjunto ni capacidad de reacción hasta que es demasiado tarde.

Primer paso. Un día nos despertamos con el sistema financiero mundial a punto de estallar porque, nos dicen, una serie de insolventes norteamericanos no podían pagar las cuotas de los préstamos hipotecarios. Pero ¿alguien se puede tomar en serio tan absurda correlación? El banco ha cometido la imprudencia de prestar dinero a personas sin empleo ni ingresos ni activos (*ninja*, en la jerga del casino). Si como era de prever el deudor no puede pagar la hipoteca de su casita de New Jersey, simplemente devuelve la casa al banco. El banco tiene un activo y, además, el dinero que haya conseguido cobrar hasta ese momento. No es muy buen negocio, probablemente la institución financiera pierda algo de dinero, no mucho, pero que apechugue con ello. Ésas son las reglas.

Segundo paso. No es tan sencillo, nos dicen ahora los analistas más reputados. Resulta que el banco titulizó el préstamo y lo juntó con otros productos, y luego lo troceó y lo vendió y revendió, y, como el milagro de los panes y los peces sólo que al revés, infectó todo el sistema con activos imaginarios. El Estado debe rescatar el sistema financiero, chillan los anti-Estado de Wall Street. Rescatemos sin demora o el mundo se acaba.

Tercer paso. Los bancos europeos no van a ser menos y también quieren ser rescatados. ¿Rescatados de qué? ¿De la hipoteca de New Jersey? No haga preguntas que muestren su ignorancia financiera, simplemente pague.

Cuarto paso. El Estado ha vaciado sus cajas para ayudar a los bancos y ahora no tiene dinero. ¿Cómo va a pagar la deuda soberana que ha tenido que emitir? Los mismos bancos ruinosos de antes, ahora en su advocación de tenedores de la deuda, ponen de nuevo el grito en el cielo. Hay que garantizar los bonos, rescatar, ajustar, intervenir, disciplinar, equilibrar.

Quinto paso. Sólo queda una salida: el Estado debe suprimir todos los gastos superfluos; desmantelar el perverso estado del bienestar: sanidad, educación, pensiones; bajar los salarios, demorar la jubilación; abandonar a los desempleados; echar a los extranjeros.

Sexto paso y conclusión. No podemos operarle la pierna rota, señora, no disponemos de quirófano; resulta que un señor de New Jersey no pagó la hipoteca y...

De paso podemos cargarnos las pensiones. Desde hace por lo menos veinticinco años los análisis realizados por los servicios de estudios de los bancos auguran la quiebra inevitable del sistema de pensiones públicas. No nos lo cuentan por amor al conocimiento, sino para inducirnos a invertir en fondos de pensiones privados. Hasta hoy, las pensiones públicas no han hecho más que subir. La mayoría de los fondos de pensiones han tenido constantes pérdidas, salvo para sus gestores. Por otra parte, un fondo de pensiones, aun si funcionara bien, es una bomba de efectos retardados. Cuando se llega a la edad de poder rescatarlo ofrece fundamentalmente dos opciones: disponer del dinero, con lo que los impuestos se llevarán más de un tercio de tus preciados ahorros, o convertirlo en pensión vitalicia, con lo que el capital desaparece al instante y las prestaciones periódicas son devoradas por la inflación. Aun así, podemos negar la evidencia, y también decir que la culpa del déficit del Estado está en las pensiones públicas, pese a su superávit. Si cuela, haremos que sea verdad lo que augurábamos.

Y no olvidemos el mercado laboral. La inmensa mayoría de los asalariados recibe un sueldo de mera supervivencia. Lo justo para comer, compartir un alojamiento y vestirse para seguir trabajando al día siguiente. Pero podemos decir que esos salarios son demasiado altos y que ese despilfarro arruina nuestra competitividad exterior.

El principio del más idiota (esplendor y miseria de las burbujas)

Pero ¿una crisis es algo real? Una crisis económica consiste básicamente en un cambio de expectativas. Hasta cierto momento se suponía que la economía vivía un ciclo expansivo y a partir del momento siguiente se supone que la economía entra en un ciclo recesivo.

¿Y un simple cambio de expectativas tiene un efecto tan espectacular? Sí, por el fenómeno, muy conocido en economía y en otras ciencias sociales, que se denomina *profecía autocumplida*. Cuando una masa crítica cree que la crisis se va a producir, esta creencia *es* la crisis. A partir de un punto de no retorno —el de la pérdida de la confianza—, los agentes económicos abandonan las reglas del juego expansivo y se pasan a las reglas del juego recesivo, con lo cual el nuevo paradigma es la recesión.

Pero ¿acaso no existen razones reales que justifiquen el cambio de creencias? Sí, existen, pero son las mismas que justificaban la creencia opuesta. Las burbujas no son un accidente, son inherentes a la economía de expectativas manipuladas. Se basan en un clásico de la economía financiera: el llamado *principio del más idiota*. ¿Has comprado bonos de nombre imaginativo y cuyo contenido es basura? Eres tonto, pero no hay problema, otro más tonto que tú te los comprará a ti más caros. ¿Has comprado un pisito en una periferia siniestra al precio de un castillo en Francia? Bueno, no importa, otro más idiota... ¿Cuándo se detiene la rueda? Cuando se instaura el cambio generalizado de expectativas y hasta los más tontos dejan de comprar lentejuelas a precio de oro. Entonces todos los juegos piramidales quedan al descubierto y empieza el pánico.

¿Cuál es el siguiente paso? La crisis como discurso. Un discurso generalizado, autointeresado, apocalíptico, irracional, según el cual la salvación del mundo depende de que el Estado corra a sostener las viejas estructuras ineficientes, evite la caída de los precios oligopólicos, empuje a los ciudadanos a comprar trastos contaminantes y subvencione la incompetencia a costa de los contribuyentes.

Ese discurso infumable no puede ser tomado en serio. No se detiene una epidemia realimentando el virus. Son tiempos de innovación, de alumbramiento, de viaje al interior de uno mismo. Y para los emprendedores es la ocasión de inventar nuevas formas de actividad económica, fluidas, fiables, adaptadas al nuevo desorden inteligente de un mundo en red.

Cualquier persona que viaje un poco se da cuenta enseguida de que nuestros mercados reales son oligopólicos. El mismo polo de la misma marca cuesta en Barcelona el doble que en Nueva York. Parece claro que si la libre competencia funcionara los precios tendrían que bajar, pero diremos que el descenso de los precios causaría un drama terrible llamado deflación, así que es mejor subirlos. ¿Hay menos demanda interna? Tranquilos, pondremos precios más caros e incrementaremos los impuestos, así compensamos. Una nueva lectura de la economía clásica. Un ejemplo para el mundo. No sólo las marcas practican esa política. Los taxis se han sumado a ella con tarifas más altas y suplementos diversos, de nocturnidad, de fin de semana, de nocturnidad en fin de semana, de salida de la estación de ferrocarril, de nocturnidad en fin de semana con salida de la estación de ferrocarril, mientras vagan vacíos por las calles de la ciudad esperando a que alguien los aplauda por tan sabia iniciativa.

Algo para recordar

- Las palabras son sólo una parte del proceso *negocial.*
- Tan o más importantes que las palabras son los movimientos estratégicos.
- El adversario intentará siempre manipular tus expectativas.
- El único beneficiario seguro de un producto financiero es el banco que te lo vende.

6

Los demás no cambian si no cambias tú (autorízate)

Tratamos amablemente a los demás y esperamos que ellos a su vez nos traten amablemente. Actuamos de buena fe y esperamos que los demás no nos engañen ni nos exploten. Y sin embargo... Los jefes prepotentes nos hablan a gritos, los profesionales de mayor edad que nosotros nos ningunean, los funcionarios distantes nos desatienden, los hombres incompetentes tratan con condescendencia ofensiva a mujeres más inteligentes que ellos. ¿Esperas que cambien? Si es así, esperas en vano. Nadie cambia salvo que no le quede otro remedio, de modo que te conviene más cambiar tú. Cuando tú hayas cambiado, cambiarán ellos.

Uno no puede actuar estratégicamente sin tener la llave de la propia autorización. Si esa llave está en manos de otro, nuestra suerte está en manos de otro. Así lo hemos visto en el capítulo anterior. Hay muchas maneras de desautorizarnos y todas ellas tienen el mismo resultado: no sabemos a ciencia cierta cómo ni por qué, pero acabamos asumiendo roles de sumisión o de infantilización. ¿Cuáles son los obstáculos que hay que eliminar? De hecho, en la administración de nuestros intereses actuamos en función de nuestras expectativas, como un agente económico. Pero ¿quién genera estas expectativas, y cómo lo hace? Aquél que pueda manipular nuestras expectativas podrá manipular también nuestro comportamiento.

A vueltas con el contrato

Volvamos al ejemplo del contrato enviado por correo.

Imaginemos ahora que en lugar de enviarnos el contrato en un formato inmodificable nos lo hubieran enviado en formato word y acompañado por un mensaje que dijera algo como: «Estimado amigo, le adjuntamos el proyecto de contrato y le rogamos que nos comunique su posición al respecto y nos proponga las modificaciones, adiciones o supresiones que considere oportunas».

Es prácticamente seguro que nuestra actitud sería distinta, que nos pondríamos a leerlo con atención, anotaríamos lo que queremos cambiar, pediríamos consejo a algún experto y devolveríamos un redactado alternativo cuidadosamente pensado a la medida de nuestros intereses. ¿Por qué? Porque nos sentiríamos autorizados para hacerlo. Es decir, sentirnos autorizados o no para negociar y defender nuestros intereses depende únicamente de cómo nos presenta la otra parte la situación. ¿Nos parece aceptable que sea la otra parte quien decida cuándo y cómo hemos de defender nuestros intereses? Seguro que no.

Ejemplo: el mismo editor de libros jurídicos que publicó la tesis del joven profesor se interesó a continuación por un libro de prácticas de una asignatura de primer curso cuyos autores éramos varios profesores del mismo departamento. En el momento previsible llegó por correo postal el contrato impreso y firmado, junto con la amable carta que ya conocemos (reconocimiento). Decidimos responderle por correo electrónico, agradeciéndole su propuesta de contrato y enumerando, sin otro comentario, las modificaciones que queríamos introducir (autorización). Queríamos minorar el alcance de la cesión, limitarla a una sola lengua (lo que nos permitía vender otras lenguas en otras áreas geográficas), reducirla a un plazo más corto (lo que nos permitiría renegociar las condiciones más adelante, si el libro tenía éxito), reservarnos los derechos digitales y mejorar el porcentaje sobre las ventas. Todo perfectamente razonable. Recibimos una llamada del director. Su tono era amable, pero (teatralmente) algo sorprendido, casi escandalizado (atención, movimiento estratégico del editor: acción destinada a rebajar nuestras expectativas). En los cincuenta años de existencia de la editorial nunca nadie me había discutido un contrato, nos dijo (lo cual probablemente era cierto, a pesar de que entre sus autores están los mejores juristas del país: en casa del herrero... roles de infantilización). Pero nosotros estábamos preparados (anticipación). Respondimos, con la misma amabilidad, que entendíamos su posición, que no se preocupara, que si consideraba que no podía atender a lo que nosotros deseábamos le liberábamos de su compromiso y ya nos arreglaríamos (atención, movimiento estratégico nuestro: acción destinada a rebajar sus expectativas, en este caso consistente en transmitir el contenido de una amenaza —irnos a otro editor—, pero sin la forma de la amenaza, para que él no se sintiese ofendido ni agredido). El contrato se firmó la siguiente semana con todas nuestras modificaciones incorporadas.

Una vez firmado el contrato definitivo, resultaba evidente para todos que no habría podido ser de otra manera. Se trataba de un arreglo equitativo, que apenas disminuía la satisfacción del editor y que, en cambio, aumentaba mucho la de los autores. Un buen trato para todos. Nuestras relaciones siguieron siendo buenas. Nos habíamos autorizado: autorizado a pasar de objeto manipulable a sujeto inteligente con el mismo nivel de derechos que la otra parte. Al final del proceso, esa autorización había mejorado nuestra autoestima y también la consideración de la otra parte, además de la calidad del acuerdo. ¿Acaso se puede pedir más?

Estereotipos y roles

Los estereotipos tienen mucho que ver con la cuestión. Un estereotipo es un recurso de poder, en el sentido de control. Desde el grupo que percibimos como propio —llamado por los expertos *endogrupo*—, se emiten estereotipos negativos contra los que consideramos grupos extraños —o *exogrupos*—. El propio grupo puede estar caracterizado por cualquier forma de autoidentificación: edad, género, orientación sexual, origen social, origen étnico, nacionalidad, nivel educativo, profesión, posición en la constelación familiar, indumentaria, nivel de ingresos, adscripción a una religión, grupo político, deporte, filosofía, etc. El exogrupo, al que queremos mantener sometido, es el que forman todos los que desde nuestro punto de vista no pertenecen a nuestro endogrupo. Es fácil constatar que todos somos parte del exogrupo de alguien —en realidad, de muchos exogrupos—, y en tal calidad todos somos destinatarios de un montón de estereotipos negativos. Una vez el estereotipo está en circulación se vuelve resistente. Por ejemplo, los lugares comunes según los cuales los jóvenes son alocados y las mujeres son más complacientes que los hombres, los cuales tienden a ser más resolutivos y agresivos.

¿Por qué persisten los estereotipos? Los expertos[10] ponen de manifiesto las razones principales: su *utilidad*, en relación con la pereza mental, al liberarnos de evaluar cada caso individual; la *selección autoconfirmativa*, fenómeno muy conocido según el cual percibimos de la realidad sobre todo aquello que confirma nuestros prejuicios o lo que apoya nuestras opiniones; la mayor *visibilidad* de las acciones de un grupo minoritario —cuando ese grupo es el exógeno destinatario del prejuicio— y también de las conductas incorrectas a las que prestamos, como es lógico, mayor atención que a las normales; y, entre muchas otras, una que afecta muy especialmente a la capacidad de acción de los negociadores: el *autocumplimiento* de los estereotipos.

¿En qué consiste el autocumplimiento? Aunque uno no comparta la creencia según la cual los jóvenes son alocados e impulsivos, las mujeres, más complacientes o los hombres, más resolutivos y agresivos, cuando una persona es consciente de estar afectada por un estereotipo y está realizando una actividad relevante para que se verifique tal estereotipo, esa persona es vulnerable al fenómeno del autocumplimiento del estereotipo. Los jóvenes acaban perdiendo la paciencia, las mujeres se resignan y los hombres levantan la voz. Es un efecto similar al de la *profecía autocumplida* en economía. Del mismo modo que si mucha gente cree en la profecía según la cual

10. SUTHERLAND, S., *Irrationality, the Enemy Within*, Constable, Londres, 1992. [Hay trad. cast.: *Irracionalidad, el enemigo interior*, Alianza Editorial, Madrid, 1996.]

las acciones de una compañía bajarán de precio, aunque esa profecía no se base en ningún dato de la realidad, las acciones bajarán de precio (porque mucha gente habrá vendido movida por el pánico, lo cual derrumbará la cotización); si los estereotipos sociales esperan de nosotros un determinado comportamiento acabaremos adoptando dicho comportamiento. De manera inconsciente nos habremos adaptado a las expectativas de los demás sobre nosotros. Baste recordar, para demostrarlo, de qué modo nos convertimos en personas distintas según quién sea nuestro interlocutor, cómo asumimos el rol que el otro espera que asumamos, cómo una mano invisible conduce nuestro comportamiento a un patrón que se nos ha endosado. Así se cierra el círculo de la desautorización.

Los estereotipos son un instrumento de control y, por tanto, un recurso de poder en las situaciones negociales. Se expresan en el llamado *estatus ilegítimo*, es decir, en el poder que se obtiene gracias a características personales que no guardan relación con la autoridad legítima, pero que sin embargo ejercen una influencia poderosa en el comportamiento de los negociadores.[11] Las características más comunes son el género, la edad y la raza. Ninguna de tales características tiene que ver con que la persona sea más o menos competente, pero la gente actúa como si esa correlación existiera.

Cuando el paradigma es un dinosaurio

Paradigma es una elegante palabra de origen griego que según los diccionarios significa «ejemplo» o «modelo». A todos nos gustan los ejemplos (¿qué sería de los profesores sin ejemplos?) y todos admiramos el clasicismo de aquello que por su perfección puede ser tomado como modelo. El Partenón, un traje de Balenciaga, un diálogo de Oscar Wilde o una Pasión de Bach son modelos únicos que representan cumbres de la belleza y la inteligencia, estados casi sobrenaturales de comprensión y expresión de la naturaleza humana.

11. THOMPSON, L., *The Mind and Heart of the Negotiator*, Prentice-Hall, Upper Saddle River (New Jersey), 2001.

Son obras de arte que nos ayudan a vivir la vida buena. ¿Quién teme entonces al paradigma?

Existe también una acepción social del concepto «paradigma». Como se ha dicho de manera muy expresiva, un paradigma social es un conjunto de suposiciones compartidas. Ese conjunto de suposiciones nos interpreta el mundo, nos da las claves para predecir su comportamiento. Nos nombra y nos describe. Es algo anterior y superior a nosotros. Cuando nacemos, ya nos están aguardando construcciones sociales que nos explican completamente. No importa lo que hagas. El dinosaurio estaba ahí antes de que despertaras y seguirá estando ahí cuando te vayas a dormir, cada día, hasta el sueño eterno. De ese conjunto de suposiciones, la más mortífera es la que da por hecho que compartimos todas las restantes, o que más tarde o más temprano las acabaremos interiorizando, quieras que no, gracias al proceso de socialización y educación.

Sin embargo, muchos de nosotros tenemos, también desde el principio, el sentimiento personal e íntimo —no siempre expresado— de que no sólo no compartimos ese conjunto de suposiciones sino que muchas de ellas nos parecen abominables. Y nos lo siguen pareciendo cada vez más a lo largo de nuestra vida. Pero no importa, para el dinosaurio las excepciones no cuentan, por numerosas que sean, no cuentan ni siquiera si son mayoritarias; simplemente las considera errores o desviaciones, porque el paradigma social es metafísico, inmune a la verificación o a la falsación. A diferencia de los paradigmas científicos, que como explica la filosofía de la ciencia son abandonados y sustituidos de forma revolucionaria por otros completamente distintos cuando las numerosas inconsistencias del modelo vigente lo revelan como indefendible, el paradigma social es muy resistente al cambio.

El paradigma social designa los géneros, adjudica los roles y determina lo que es normal y lo que es anormal, lo que se debe prohibir, lo que se puede permitir, y también aquello que merece ser tolerado, porque la tolerancia es uno de los recursos fundamentales para mantener el modelo. El paradigma tolera las diferencias siempre que cumplan ciertas condiciones, la principal de las cuales es precisamente que las diferencias acepten ser *objeto* de tolerancia, que no aspiren a ser un *sujeto*. Un mundo de diestros —que no necesitan designarse a sí mismos como diestros— sabe acoger también a los zurdos, siempre que éstos se reconozcan como zurdos —es decir, acepten ser objetos que necesitan designación—, recuerden que son la excepción, estén agradecidos por las facilidades que se les conceden y no pretendan suplantar a los diestros.

El paradigma social es fundamentalmente transmisor de expectativas. Todos reconocemos, durante el interminable no-tiempo de la infancia, la mirada inquisitiva del prescriptor de expectativas. Nuestra reacción defensiva es intentar confundirnos con el paisaje. Mimetizarnos, como si fuéramos unos paracaidistas lanzados por error tras las líneas enemigas, que han de hacer lo imposible para no llamar la atención y no ser descubiertos por los habitantes del lugar a causa de alguna rareza en su comportamiento. Es normal que acabemos pensando que fuera del paradigma no hay salvación.

Pero ¿quién trajo al dinosaurio? ¿Quién designa? ¿Quién detenta el gran yo simbólico que define el mundo? No sabemos quién es, pero sabemos que está siempre y en todas partes. En cualquier situación hay alguien preparado para tomar el altavoz en su nombre y hablar según su dictado. En cada átomo social hay alguien conectado con el gran yo.

El dinosaurio gobierna el discurso de las ciencias sociales, y, obviamente, el discurso jurídico, el más autorreferente de los discursos de dominación. Los legisladores más antiguos ya pretendían haber recibido instrucciones directamente de alguna divinidad. Así las leyes eran sagradas y una infracción de la ley se consideraba también un sacrilegio, lo que reforzaba el poder del soberano. El código legal más antiguo que se conoce es el de Hammurabi, rey de Babilonia, y está esculpido en una estela de piedra en cuya cúspide aparece tallada la imagen del rey recibiendo las leyes del mismo dios Marduk. No sólo los sufridos estudiantes de historia del derecho, sino que todos nosotros llevamos el peso de la estela basáltica sobre los hombros. ¿Qué puedo hacer yo?

El poeta griego de la diáspora[12] expresó muy bien el dilema:

12. Konstantinos Kavafis, poeta griego natural de Alejandría (1863-1933).

A algunos les llega un día, una hora,
en la que pronunciar el gran Sí o el gran No,
enseguida se adelanta el que tiene a punto el Sí: lo dice
y se eleva hacia el honor y la convicción,
el que negó no se arrepiente, de nuevo No diría,
si se lo preguntaran otra vez,
pero ese No, el justo No,
arruinará su vida entera.

O la impostura o la diáspora, éstas son las opciones que el paradigma social pone a nuestra disposición.

Aquí proponemos una tercera vía: la autorización.

Nuestra hipótesis de trabajo es la reconstrucción de la individualidad, de la visibilidad de nuestro propio yo, y el posicionamiento en esa brecha angosta y temblorosa que uno puede abrir entre el yo que somos y el gran yo que nunca calla y que habla por nosotros. Esta brecha la abre cada uno, la transición de objeto a sujeto es de producción propia; en ese aspecto no podemos ser usuarios del trabajo de otros, menos aún depender de la tolerancia de otros. Sin autorización interna no hay comportamiento estratégico, ni tampoco es posible obtener poder.

Lo que se espera de nosotros (Barcelona, 2010; Filadelfia, 1787)

Recibo otro correo electrónico de la asociación de antiguos alumnos del colegio religioso al que me llevaron mis padres hace más de medio siglo. Aunque formalmente no he sido nunca miembro de la asociación, de vez en cuando me comunican amablemente efemérides y actos edificantes o me proponen excursiones a montañas diversas de Catalunya, todas ellas con santuario incorporado. Se considera un plus subirlas a pie y, a poder ser, de noche, si bien la asociación admite que esta opción tendrá más éxito entre los jóvenes que entre los miembros de promociones tan antiguas como la mía. Cada idea que se les ocurre me parece aún más temible que la anterior, pero también me conmueve la indudable buena fe y la persistente candidez que demuestran al invitarme.

Sin embargo, el correo de hoy me parece más inquietante. Anuncian un ciclo de conferencias de *actualización personal.* Tema: «Las nuevas situaciones de pareja y familia y nuestra actitud ante esta realidad». Conferenciante: un nombre clásico de la prestigiosa orden titular del colegio. ¿Por qué me inquieta tanto este correo? ¿Por qué me pongo a la defensiva? ¿Acaso ese interés por *actualizarse* no revela una actitud abierta y compasiva? ¿Acaso *actualización* no remite a *aggiornamento*, con sus connotaciones de mansedumbre y conllevancia? Me temo que no. Me temo que el dinosaurio escribe correos electrónicos.

La clave está en el posesivo *nuestra* (actitud). *Nuestra* remite a *nosotros*, obviamente. Nosotros, es decir, decenas de miles de antiguos alumnos receptores de la convocatoria, además del conferenciante y la orden y el colegio y todos sus profesores y alumnos actuales, como es obvio. El enunciado da por supuesto que nosotros NO estamos en ninguna nueva situación de pareja y familia. Los que lo están son, en todo caso, *ellos* (los que no son nosotros). Evidentemente la suposición es abusiva. ¿Se trata sólo de candidez? Sigamos con la convocatoria.

Ante esta realidad es una locución que expresa rechazo subconsciente: hay cosas que aunque no nos gusten son reales, existen, y una persona actualizada debe conocerlas y tenerlas en cuenta. De nuevo, por definición, nosotros no participamos de esa realidad inquietante, porque si participáramos de ella no necesitaríamos actualizarnos. Las nuevas situaciones de pareja y familia son cosa de ellos, los que no son nosotros. El dinosaurio tiene claro el paradigma y lo da por supuesto.

Entonces ¿qué se espera de nosotros? Pues se espera de nosotros una gran tarea, una gran misión: adoptar una actitud. El mundo la está esperando, *ellos* (los que no son nosotros) la están esperando, ¿cómo han podido vivir hasta ahora si nosotros no habíamos adoptado ninguna actitud? Qué tranquilos nos quedaremos cuando hayamos adoptado una actitud. Cómo nos lo agradecerán ellos.

No fui a la conferencia, por descontado, pero estoy seguro de que la actitud adoptada por *nosotros* aburrirá hasta a las piedras. Los siglos empiezan y terminan, aun así el arquetipo del bienintencionado condescendiente es eterno. Sería enternecedor si no fuera insufrible.

Para las constituciones modernas —a partir de la de Estados Unidos (Filadelfia, 1787)—, el sujeto de los derechos y de las libertades es el individuo, el ciudadano, sin más. No lo es la tribu, el clan o la familia más o menos extensa, ni siquiera *las nuevas situaciones de pareja o familia*. De hecho, en eso consiste la modernidad de la civilización occidental, en considerar jurídicamente individuos libres e iguales, sin distinción, a quienes desde otros puntos de vista pueden ser designados por hombres, mujeres, niños, jóvenes, ancianos, hijos, padres o parejas.

Sin embargo, a las sociedades, y también a los Estados, les cuesta desligarse de esa antropología rural que tiene como modelo a la familia gobernada por el patriarca. Existe una tendencia persistente a tratar a las personas más por el lugar que ocupan en la constelación familiar que por su cualidad de ciudadanos autónomos.

Por ejemplo: las exenciones de impuestos de sucesiones para bienes transmitidos de padres a hijos o entre cónyuges. Por supuesto que está muy bien que los hijos o los cónyuges no tengan que pagar impuestos por la transmisión de la vivienda, del negocio familiar o de una parte muy significativa de la herencia o donación. El problema está en esa limitación: hijos y cónyuges. ¿Y los que no tienen hijos ni cónyuges? ¿Y los que prefieren dejar sus bienes de libre disposición a personas distintas de sus hijos o cónyuges?

Si todos los ciudadanos han de ser efectivamente libres e iguales en derechos, todos ellos deben poder disfrutar del mismo *cheque de autonomía* en todos los ámbitos de la vida, con el mismo importe, para emplearlo como quieran. Ante elecciones igualmente legítimas el Estado debe permanecer neutral, sin tomar partido por un modelo o por otro.

Hace años la compañía de ferrocarriles hizo una torpe campaña de descuentos en los coches-cama. La publicidad anunciaba con grosería: «Tráigase a su mujer y obtendrá un descuento». Protestaron, con razón, las mujeres, que eran consideradas objeto, pero no sujeto. Tras las protestas la compañía rectificó: «Venga con su cónyuge y tendrá un descuento». Protestaron, con razón, las parejas no casadas.

Nueva rectificación: «Venga con su pareja y tendrá un descuento». Protestaron, con razón, los hijos, padres, amigos, hermanos y colegas. Finalmente el departamento de comunicación dio con la clave: «Vengan dos y tendrán un descuento». En eso consiste la autonomía de las personas. Vengan dos, qué le importa a la compañía de ferrocarriles o al Estado quiénes.

Sistemas completos

Por fortuna la mayoría de las personas viven sus creencias tentativamente, sin agredir a nadie. Admiten los errores como parte del conocimiento, trabajan con hipótesis expuestas a la verificación o a la falsación. Aprenden todos los días algo nuevo, que puede contradecir lo que creían saber ayer. Aceptan sin angustia las incoherencias del mundo. Son benevolentes. Maduran y ganan tolerancia y sabiduría.

Otros, en cambio, sucumben a la atracción de los sistemas completos de conocimiento, de las ideologías que proveen una comprensión total del mundo y pretenden una fusión incandescente entre el *ser* y el *deber ser*. La adhesión a las doctrinas integrales cautiva singularmente a las personalidades narcisistas, que encuentran en aquellas la coartada adecuada para desplegar un yo frenético, invasivo, que necesita de un protagonismo permanente.

El problema para la humanidad reside en que quienes creen poseer las claves de una comprensión completa del mundo se convierten por fuerza en totalitarios y perseguidores. La razón es simple. Un sistema integral de conocimiento y análisis ha de ser, por definición, internamente consistente y no admitir prueba en contrario. Como la realidad desmiente una y otra vez tal pretendida consistencia, hay que pasar a la acción. Cambiar la realidad. Prescribir. Obligar a todo el mundo, a sangre y fuego, a cumplir con las imaginarias propiedades del sistema completo.

De ahí la famosa praxis. El análisis político correcto. La línea del partido. El adoctrinamiento ad náuseam. Las cartas o los discursos kilométricos. La verborrea dialéctica sobre cualquier tema. La inquisición, la censura, el odio literalmente mortal al desviacionista.

La patológica arbitrariedad de los ensalzamientos y las caídas en desgracia.

Aunque los tiempos cambien, el fenómeno se mantiene. El totalitario prospectivo puede estar en cualquier sistema, mientras sea completo.

El terrible siglo XX ha suministrado ejemplos estremecedores de itinerarios sectarios. Entre los españoles hay un ciclo muy representativo. El joven nacionalcatólico, piadoso y fanático, después falangista con praxis violenta, que evoluciona bruscamente hasta la socorrida secuencia de comunista ortodoxo y comunista de rostro humano, para acabar sus totalitarios días abrazado a la ecología apocalíptica.

Bueno, peor para él, ¿no? No, por desgracia los adictos a los sistemas completos producen más devastación de la que pueden consumir por sí solos.

Expectativas tóxicas

Así como el dinosaurio espera que yo forme parte de *nosotros*, en todas las situaciones pueden estar presentes expectativas tóxicas destinadas a condicionar nuestras decisiones en interés de otros. Ya sabemos que nos comportamos según nuestras expectativas, ya sabemos que si nuestras expectativas están controladas por otros somos el negocio de otros y ya sabemos que existe un sutil mecanismo de autoadaptación a las expectativas ajenas. Veamos ahora un par de ejemplos[13] que pueden ayudarnos a entender el fenómeno.

a) Los afroamericanos que tenían que indicar su raza en un test de aptitud escolar daban peores resultados que los afroamericanos que realizaban el mismo test sin necesidad de mencionar la raza (Steele y Aronson, 1995).

13. THOMPSON, L., *The Mind and Heart of the Negotiator*, Prentice-Hall, Upper Saddle River (New Jersey), 2001.

b) Dos grupos de mujeres y hombres resuelven problemas de matemáticas en una prueba que, según se les dice previamente, demuestra que no pueden observarse diferencias de género en la habilidad para las matemáticas. El resultado es que, en efecto, no hay diferencias. Pero si a otro grupo de mujeres se le dice que el test sirve para demostrar que las mujeres son menos capaces para las matemáticas el resultado muestra un peor rendimiento medio de las mujeres (Spencer, Steele y Quinn, 1999).

Es decir, las víctimas de algún estereotipo desvalorizador —aun sin compartirlo— tienden inconscientemente a autocumplirlo cuando toman conciencia de estar realizando alguna actividad relevante para la confirmación del estereotipo en cuestión. ¿Podría ser ésta la explicación del fenómeno del autosabotaje que afecta a la carrera y a las actividades de tantas personas valiosas?

Algo para recordar

- La propia autorización es la llave del comportamiento estratégico.
- Las expectativas tóxicas ajenas te llevan al autosabotaje.
- Eres sujeto de derechos individuales con independencia de cualquier otra consideración.
- La primera obligación del Estado es garantizar tu autonomía para realizar planes de vida, con el único límite de la autonomía de los demás.

7

El miedo al silencio amenaza seriamente a tu salud

El miedo al silencio

Por alguna razón nos llevamos mal con el silencio. Singularmente, en un contexto de conflicto de intereses (como es el caso de un proceso de negociación) el silencio es percibido como rechazo, como reprobación. Las personas ansiosas (y todos somos ansiosos en alguna proporción y en según qué circunstancias) son particularmente vulnerables a ese miedo al silencio. Intentan calmar su angustia ante el silencio hablando. Y en esa respuesta emotiva, en esa emisión innecesaria aunque irrefrenable de palabras, está su perdición.

Ejemplos:

a) En los seminarios de negociación los participantes asumen los roles que se les asignan en casos prácticos básicos. Por ejemplo, la negociación de la indemnización que una compañía de seguros tendrá que pagar a la víctima de un accidente de tráfico. Se supone que los respectivos abogados han de ponerse de acuerdo sobre el importe. Cada uno tiene instrucciones secretas. El abogado de la compañía está autorizado a pagar hasta 20.000 euros, pero lo mejor sería que lograra pagar solamente 15.000 o incluso menos. El abogado de la víctima ha de intentar conseguir 10.000 euros, y todo lo que supere esta cifra será considerado un resultado excelente. Existe por tanto un margen negocial importante, aunque ellos no lo saben.

Veamos qué puede ocurrir. El abogado de la compañía decide tomar la iniciativa y ofrece 10.000 euros: es lo máximo que puedo ofrecerte, como colega te lo digo claramente y así no perdemos tiempo ni tú ni yo. El abogado de la víctima se queda callado, con una expresión de incredulidad. Pasan los segundos, se mantiene el silencio y el abogado de la compañía empieza a ponerse nervioso. Llega un momento en que ya no puede más y dice: bueno, me llevaré una bronca, pero quizá puedo llegar a 12.000 euros. Ahora la otra parte sabe que la primera oferta se basaba en una mentira y, además, la concesión que se ha producido sin necesidad de pedirla revela que puede haber más concesiones. Conseguirá 18.000 euros.

b) Nos piden un precio. Lo damos. Se produce un silencio. Nos sentimos mal. Pensamos que el otro está desagradablemente sorprendido. Nos lanzamos a dar justificaciones no solicitadas. Abrimos sin necesidad nuevos frentes. Nuestras explicaciones revelan inseguridad. La otra parte encuentra argumentos de refutación en los que no había pensado. Se crece en la misma medida en que nuestra posición se debilita.

c) Un amigo mío particularmente ansioso me llama el jueves para invitarme a su casa de la playa y a navegar a vela durante el fin de semana. Basta con que yo tarde más de medio segundo en aceptar con entusiasmo (como era mi genuina intención) para que él se precipite a mejorar la oferta: «¿Estás cansado?, ¿no tienes ganas de conducir?, ¿te voy a buscar yo?, ¿te recojo en la estación?, no te preocupes por nada, yo me encargo de llevar la comida al barco y si prefieres salimos tarde...». El problema no es la generosidad con los amigos, por supuesto, el problema es que mi amigo es director comercial de una empresa y actúa igual con sus clientes (porque el motor de fondo no es tanto la amistad como la ansiedad), con lo cual siempre se está lamentando de que el próximo fin de semana se tiene que ir a cualquier lugar a cientos de kilómetros de distancia para hacer una demostración, algo que podría hacer perfectamente su representante en la zona. «Yo me ofrecí porque vi que el cliente, aunque no lo decía, prefería que fuera yo», dice ahora, furioso.

d) Un cliente perverso nos llama por teléfono. Dice su nombre y se calla. En lugar de esperar a que él diga lo que quiere, nos lanzamos a llenar el silencio dándole explicaciones sobre todas las cuestiones que suponemos quiere consultarnos. Suplimos los deseos y objeciones del otro y, en consecuencia, nos colocamos en la posición dominada. Ahora al cliente perverso se le ocurren un montón de exigencias en las que antes no había pensado.

¿Cuál es el fallo de comportamiento común a todos los supuestos enumerados? La ausencia de control de la comunicación. Es decir, nuestra comunicación no está administrada racionalmente en función de lo que nos interesa transmitir. Sin un control consciente, nuestra comunicación es la expresión inconsciente de nuestras emociones.

La comunicación verbal se compone fundamentalmente de palabras y de silencios. En un contexto de conflicto como es el negocial, si perdemos el control de la comunicación (tanto de las palabras como de los silencios) perdemos también el control de la negociación. Controlar la comunicación significa saber en todo momento por qué y para qué hablamos y por qué y para qué nos callamos. Es decir, significa comunicar desde la reflexión, no desde la emoción. Si comunicamos desde la emoción, la comunicación está fuera de nuestro control (está controlada por la emoción), con lo cual revelamos información que la otra parte puede utilizar contra nosotros. De alguna forma nos autosaboteamos.

Al lector que haya llegado hasta aquí no le sorprenderá leer que el patrón de actuación para controlar la comunicación consiste nuevamente en practicar las habilidades de reconocimiento, de autorización interna y de anticipación. Reconocer que las reglas de comportamiento y comunicación en las relaciones afectivas y amistosas, por un lado, y las profesionales y negociales, por otro lado, son radicalmente distintas. Autorizarnos a controlar y administrar ese comportamiento y esa comunicación en los contextos de conflicto de intereses. Anticipar ese control adoptando un lenguaje asertivo.

La asertividad

La asertividad es una habilidad de comunicación interpersonal o social. Consiste en la capacidad de transmitir de manera competente y eficaz, mediante el lenguaje, los propios deseos, creencias, opiniones, objetivos, derechos o necesidades, sin agresividad ni intención de herir, pero sin inhibiciones ni sumisión a los demás. Es un discurso maduro, autorizado, vinculado a la alta autoestima. Se apoya en la autoconfianza, en lugar de en la emotividad propia de la ansiedad. Es un discurso controlado y consciente. Cortés, pero dispuesto a decir que *no* siempre que sea necesario, mostrar desacuerdo sin que esto nos cause ninguna incomodidad especial y al mismo tiempo manteniendo abiertos los canales de comunicación. La asertividad implica también conciencia de los límites. No dejarse invadir ni tampoco transgredir los límites de los demás. Ni decidir por los otros ni permitir que los otros decidan por nosotros. Al estar tan alejada de la agresividad como de la sumisión, la asertividad contribuye a la construcción de relaciones positivas y a una comunicación de calidad.

Ejemplo:

a) Podemos retomar ahora como ejemplo una situación que ya hemos utilizado al referirnos a la legitimidad de las comprobaciones y verificaciones. A una afirmación relevante de la otra parte, se puede responder agresivamente (personalizando la desconfianza), sumisamente (aceptándola por miedo a que el otro se ofenda si la ponemos en duda) o asertivamente: «Le agradezco su información, ahora me gustaría oír una opinión independiente, estoy seguro de que usted lo entiende».

b) Pedimos un presupuesto a un profesional y el precio resultante nos parece elevado. Respuesta asertiva: «Me gustaría mucho trabajar contigo, pero hay un problema: tu precio es más alto que otros. ¿Podríamos sentarnos y ver conjuntamente cómo has llegado a esa cantidad? A lo mejor no estamos hablando de lo mismo».

Una de las características del lenguaje asertivo —en situaciones emocionalmente conflictivas— es la habilidad de desconectar la descripción del problema de la atribución de responsabilidad sobre él.

Ejemplo:

Nuestro vuelo acumula cinco horas de retraso. El tiempo es bueno; el cielo, azul. La culpa solamente puede radicar en la ineficacia y la negligencia de la aerolínea. En la siguiente escala vamos a perder la conexión que nos iba a llevar de regreso a casa. Estamos furiosos. Sin embargo, hemos visto que dentro de dos horas sale un vuelo directo que nos conduciría a nuestro destino final aun antes de lo previsto. Vamos a la oficina de atención al viajero. Si empezamos quejándonos airadamente a la empleada, tenemos muy pocas posibilidades de que nos transfiera al otro vuelo. La mejor política es explicarle objetivamente los perjuicios que nos supone el retraso y buscar su empatía. Incluso en ese caso puede que nos diga que comprende nuestra situación pero que el otro vuelo está lleno. Habrá que pasar a la fase de gestión del *no* tal como se explica un poco más adelante.

Otra competencia característica del lenguaje asertivo es la habilidad de transmitir el descontento hablando de uno mismo, sin conectarlo a las intenciones del otro: «Me sentiré discriminado», «Me sentiré engañado» en lugar de «Usted es un racista o un machista», «Usted es un estafador»; «Me sentiré muy maltratado» en lugar de «Su compañía es asquerosa».

El contenido que se transmite es el mismo, pero la forma es mucho más eficaz porque el ataque personal provoca una negación y un contraataque; en cambio, nadie puede poner en duda cómo nos sentimos nosotros mismos. Hemos dejado al otro la posibilidad de una salida honrosa y el canal de comunicación no se ha bloqueado.

El lenguaje no verbal y la credibilidad

La asertividad no se refiere únicamente al lenguaje verbal sino también al no verbal. El lenguaje o la comunicación no verbal es aquello que transmitimos a los demás con nuestro comportamiento corporal. Nuestra comunicación no verbal puede estar al servicio de nuestros intereses o puede sabotearlos. Es muy difícil controlarla; de hecho, muchos especialistas consideran que es imposible porque es fundamentalmente inconsciente. No obstante, se puede intentar cambiar nuestra mente para que nuestro cuerpo exprese lo que de verdad sentimos. Del éxito de esa operación depende nuestra credibilidad.

Ejemplos:

a) A los especialistas en negociación a menudo nos hacen la clásica consulta de qué hay que hacer para conseguir un aumento de sueldo. Se puede dar una respuesta general (aunque obviamente no se puede garantizar el éxito en cada caso particular).

En primer lugar, uno mismo ha de estar convencido de que se merece el aumento y ha de saber cuál sería la cantidad adecuada. En segundo lugar, uno debe estar preparado para responder asertivamente cuando le pregunten: «¿Cuáles son las razones por las que usted cree que se le ha de aumentar el sueldo? Deme razones específicas». Y en tercer lugar —y éste es el aspecto más importante y decisivo—, uno ha de estar dispuesto de verdad a marcharse si no le conceden el aumento (no necesariamente a marcharse en el acto, pero sí a iniciar de inmediato el proceso de cambio y de búsqueda de alternativas). Por supuesto, si ya tiene otra propuesta mejor pagada la situación será perfecta. ¿Por qué son importantes las tres condiciones? Porque si están todas presentes tanto nuestro lenguaje verbal como el no verbal transmitirán a la otra parte la certeza de que si no nos aumenta el sueldo nos marcharemos. No será necesario —ni sería adecuado— formular la amenaza, la otra parte ya lo captará.

b) Mi amigo el director comercial me preguntó un día qué podía hacer para cobrar un crédito a un cliente moroso que tenía un establecimiento abierto al público y que siempre le daba largas. Por descontado, no hay un método infalible, pero le propuse que probara el siguiente: vete a su tienda totalmente convencido de que no te irás de ahí sin que te haya pagado, él lo comprenderá. Cobró poco después de la hora del cierre, cuando el moroso se dio cuenta de que aquello iba en serio.

c) Otro amigo perseguía a la administradora de un teatro durante los ensayos de una obra para que le pagara el resto pendiente de un encargo. La administradora siempre le daba largas. Por enésima vez fue a su oficina y por enésima vez la administradora le dijo que aún no le era posible, pero en esta ocasión mi amigo no se marchó. Se sentó frente al escritorio. Y allí se quedó. Sin decir nada. La administradora salió y entró varias veces. Al cabo de media hora la administradora le firmó el cheque.

La gestión del *no*

Los ejemplos precedentes nos sugieren un tipo de credibilidad específica: la que desplegamos cuando la otra parte ya nos ha dicho que *no*. Veamos ese extremo con más detalle en un par de ejemplos más.

a) Una profesora de comunicación me explicó la siguiente historia real. Una amiga pasó con ella un fin de semana de invierno en el apartamento que la profesora posee en Tossa de Mar. A la amiga le gustó mucho el lugar y quiso comprarse ella también un apartamento en la misma urbanización. La profesora la acompañó a la oficina de la inmobiliaria, en el centro del pueblo. Cuando llegaron, quedaba solamente un empleado al que la profesora conocía. Se llamaba Jordi. La profesora le explicó la intención de su amiga y Jordi respondió enseguida que ya no quedaban apartamentos en venta. Estaban todos vendidos o comprometidos, habría que esperar a que se construyera la siguiente fase de viviendas. La profesora de comunicación se despidió amablemente y se dirigió a la puerta de salida. Creía que su amiga la seguía, pero no era así. Se dio la vuelta y vio la siguiente escena. La amiga se había quitado el abrigo, lo había dejado caer sobre una de las dos butacas frente a la mesa de Jordi y se había instalado confortablemente en la otra. Incluso había depositado un bolso bastante voluminoso *sobre* la mesa de Jordi. Todo en ella decía: aquí estoy yo pasando tranquilamente la tarde y no tengo ninguna intención de marcharme. Si nos han dicho que no, pensó mi amiga, aun así acabó sentándose en el borde de la butaca ocupada por el abrigo. ¿Qué estaban haciendo? Ignorar el *no* mediante el lenguaje no verbal. ¿Iba a servir de algo? No lo sabemos, pero era la única manera de averiguarlo.

Al cabo de un rato de charla con el desconcertado Jordi llegó un directivo. Se informó del caso. Entró en su despacho y observó con atención la pantalla de su ordenador. Hizo una llamada con su teléfono móvil. Al poco salió diciendo: «Has tenido suerte, ha habido una anulación».

Lo más relevante del caso de Tossa es la combinación de habilidades naturales de la amiga: no darse por enterada del *no* y transmitirlo de manera inequívoca. No es condición suficiente para obtener lo que uno quiere, pero es necesaria.

b) Una ventanilla de la estación central de ferrocarriles, un sábado por la tarde. Intento cambiar el horario de una reserva para el tren de alta velocidad entre Barcelona y Córdoba. La universidad ha elegido unos horarios que no me convienen. Una joven muy amable me dice que no es posible hacer el cambio, que los billetes han sido reservados por una agencia de viajes (la de la universidad) de Córdoba. Argumento que el pago se ha hecho en metálico, por lo que no está involucrada ninguna operación de tarjetas de crédito. Me propone que espere un momento mientras lo consulta. Se dirige al otro extremo de la sala y comenta el caso con quien parece ser el responsable general de la sala de venta de billetes. Lo deduzco porque es el señor de mayor edad y el único cuya ventanilla está cerrada. Veo a distancia que el señor en cuestión mueve la cabeza negativamente. Pienso que si espero a que la joven vuelva con la respuesta negativa mis posibilidades se habrán agotado. Decido dirigirme a la ventanilla (cerrada) del máximo responsable. La joven me ve y se lo dice a su interlocutor. El responsable se da la vuelta, me mira y abre la ventanilla. Me dice: «No podemos cambiarle el billete, señor, *el sistema informático que utilizan ellos* (¿quiénes?) *es diferente del nuestro*». Lo cierto es que esta afirmación me desconcierta notablemente, pero recuerdo a tiempo el entrenamiento en *gestión del no* y sigo hablando como si no la hubiera oído o entendido. Explico lo importante que es para mí el cambio y le pregunto si cree que existe alguna posibilidad al respecto. Ya te han dicho que no, pensará el lector impaciente. No importa, lo relevante no es lo que digo. Lo importante es que no me voy. El máximo responsable es una persona un poco seca pero finalmente amable, una característica de muchos ferroviarios. Me mira y ve un señor que parece no entender que ya le han dicho que no y que no se marcha. Empieza a mover el ratón del ordenador y a mirar su pantalla (entre nosotros: ése es un rito de transición del *no* al *sí*), así que ahora espero en silencio (recordad: una vez alcanzado el objetivo hay que callarse). Tras unos segundos oigo —esta vez claramente— la siguiente frase: «Mire, ha tenido usted suerte, creo que se lo voy a poder cambiar». No, no ha sido suerte, ha sido lenguaje no verbal.

El ejemplo no termina aquí. Aprovecho el entusiasmo del momento para señalar que la tarifa aplicada no es la correcta, porque de hecho tengo una tarjeta de descuento, llamada un poco penosamente *tarjeta dorada*. Con magnanimidad el jefe de la oficina cambia los horarios, cambia la tarifa, me sube de clase y me da 80 euros en unos billetes que saca de un cajón. No puedo creerlo.

Los ejemplos precedentes nos sugieren un nuevo ejercicio de entrenamiento. Cuando vamos a pedir alguna cosa a alguien que nos da una respuesta negativa, nuestro reflejo natural es quedarnos de pie —o levantarnos si habíamos llegado a sentarnos— y a continuación marcharnos. A partir de ahora, en lugar de marcharnos, permanezcamos sentados, decididos a quedarnos de forma indefinida.

En negociación, la asertividad se fundamenta en una idea que ya hemos examinado: tenemos intereses legítimos y nos autorizamos a expresarlos y defenderlos sin que tal cosa pueda ser considerada por los demás una agresión. El ajuste entre nuestros legítimos intereses y los legítimos intereses de los demás es un problema de cuya resolución somos corresponsables los negociadores.

Separar las personas del problema

Para gestionar adecuadamente la relación interpersonal, el programa de negociación de Harvard (Fisher y Ury,1991) insiste en la idea de separar las personas del problema. Es decir, no mezclar las relaciones personales entre las personas que están negociando con la cuestión que se debate; no plantear la negociación como una lucha de voluntades, pero tampoco querer comprar la buena relación con los demás mediante concesiones en la sustancia de la negociación. Conceptualmente son dos cosas distintas y cada una tiene sus propias reglas. Se puede prestar atención a la interacción personal y tratar de solucionar los problemas que genere, si es el caso, pero siempre separadamente de los aspectos sustanciales de la negociación.

De hecho, los problemas de interacción personal se superan por sí solos cuando los negociadores llegan a verse a sí mismos como corresponsables de la resolución inteligente de la cuestión que es el objeto de la negociación.

Las habilidades para la comunicación asertiva se adquieren mediante el entrenamiento. Lo natural, lo que uno hace cuando no está en situación de alerta, es comunicar y comportarse de forma espontánea y emotiva. Si uno sigue comunicando emotivamente cuando está haciendo frente a cualquier tipo de conflicto es fácil que pierda la estabilidad, y lo normal cuando uno se desestabliliza es que tienda hacia alguno de los dos extremos del comportamiento descontrolado, bien hacia la agresividad, bien hacia la sumisión y la pasividad. No obstante, los progresos del aprendizaje son espectaculares si uno trabaja un poco cada día. El fundamento, como ya hemos mencionado repetidas veces, es un trabajo interno: autorizarse a expresar los deseos y creencias, sin agresividad y sin sumisión, con naturalidad.

Las técnicas de comportamiento básicas que pueden ayudarnos son simples y están al alcance de todos si uno las prevé y se entrena. Son las siguientes:

a) Hablar con un propósito, hacer afirmaciones significativas, con claridad, sin elevar el tono de voz. No hablar por hablar; muchas veces el problema no es un déficit de comunicación sino un exceso de palabras innecesarias.

b) Escuchar activamente, lo que incluye escuchar de forma genuina, porque nos interesa entender lo que el otro está diciendo, y a la vez hacer que el otro sienta que lo estamos escuchando. Hacerle preguntas pertinentes, es decir, no argumentativas ni sarcásticas sino sinceramente aclaratorias. Pedirle que sea más específico para entender mejor su posición.

c) Convivir tranquilamente con el silencio. Saber callar cuando ya has dicho lo que tenías que decir, aunque el otro no responda. Le toca al otro pronunciarse, ya lo hará. No te anticipes a suplir las posibles objeciones o demandas de los demás.

d) No reaccionar emocionalmente a las explosiones emocionales. Una vez que el otro haya descargado sus emociones, analizaremos la cuestión con calma. Dos personas no pueden enfadarse a la vez. Y recuerda, no se puede comunicar con eficacia desde la emoción; si te enfadas, espera a calmarte y luego enfádate estratégicamente. Entonces podrás comunicar.

e) Ignorar las negativas injustificadas y seguir actuando como si no las hubiéramos oído, como si no las tomáramos en serio (dejando así una salida honrosa al adversario si decide rectificar). Recuerda que en este punto tu lenguaje no verbal debe transmitir también la idea de que no cedes a la negativa. No te vayas, no te levantes, quédate como estás.

f) No tener prisa, el tiempo permite pensar, procesar la información que va llegando, y también va dejando al descubierto trucos y engaños. Lo importante es no dejarse arrastrar por el ritmo que el otro imponga. No porque el otro parezca esperar una respuesta rápida hay que responder rápidamente. Al contrario, ante la presión del otro nos autorizamos más que nunca a gestionar nuestros propios tiempos. Como sabemos, el tiempo es relativo. Algunos segundos pueden ser mucho tiempo y marcar nuestro dominio asertivo de la comunicación. Otras veces tendremos que dejar pasar semanas y esperar tranquilamente que nos vuelvan a llamar.

g) Respetar los límites ajenos y defender los propios. Mantener una distancia física y una postura adecuadas según el patrón cultural de que se trate. Recuerda que transgredir la distancia física aceptable es una agresión. No agredas ni te dejes agredir. También existe una distancia moral que respetar y hacer respetar frente al adversario que levanta la voz, nos trata con condescendencia, nos ningunea, se permite comentarios machistas o racistas o inadecuadamente personales. La idea es que la comunicación asertiva es pedagógica. El adversario que transgrede los límites morales acabará avergonzado de sí mismo.

Hablar de dinero

A veces hay que hablar, e incluso interrumpir, cuando el otro no está mencionando lo que tendría que mencionar. En general la cuestión silenciada es el dinero. Mucha gente cree (o al menos eso sugiere su comportamiento) que puede disponer del tiempo y del trabajo de los demás sin remunerarlos. Lo intentan, pero que lo consigan o no depende de nuestra respuesta. Los artistas y los profesionales —aunque también todo tipo de personas— son frecuentemente víctimas de ese tipo de explotación. Recuerda: no seas una víctima. Cuando el otro no está dejando claro si te está pidiendo una prestación remunerada o más bien que seas miembro de una ONG de la que él es el único beneficiario, hay que salir de dudas. A continuación encontrarás dos fórmulas (asertivas) que puedes utilizar, según los casos, para interrumpir al otro cuando la conversación se ha alargado varios minutos y todavía no le has oído hablar de dinero.

Fórmula a): Veamos, para tomar la medida de la propuesta, ¿con qué presupuesto contáis para mi intervención?

Fórmula b): Para que determines si entra en vuestras previsiones, ¿quieres saber de manera aproximada cuánto os costará?

El otro lo comprenderá al instante. Si era un descuido, dará enseguida la explicación pertinente. Si era un abuso, balbuceará alguna excusa y desaparecerá. No volverá a intentarlo.

Algo para recordar

- La negociación es comunicación.
- Controla la comunicación verbal: las palabras y los silencios.
- Controla la comunicación no verbal, ignora las negativas injustificadas.
- No seas agresivo ni sumiso, sé asertivo.
- Habla con un propósito.
- No tengas miedo al silencio.
- Transmite contenidos sin adoptar formas amenazantes.
- Que lo sepan: no vas a trabajar gratis.
- Las personas son siempre personas; actúa en consecuencia.

8

Los trucos sucios se lavan en casa y fuera de casa

Los trucos sucios

Existen muchas rutinas básicas, con las que nos encontraremos en muy variadas situaciones, que a pesar de su escasa sofisticación pueden tener efectos muy negativos para nuestros intereses si no nos hemos preparado para afrontarlas. Fisher y Ury (1991) las agrupan bajo la noción de *truco sucio*. Se trata de tácticas diseñadas para que la utilice únicamente una parte y la sufra la otra, bien porque no se dé cuenta, bien porque, aun dándose cuenta, la tolere, de grado o por fuerza. Son tácticas que no funcionan contra sí mismas porque si la otra parte también las utiliza suelen llevar al bloqueo y al desacuerdo, o bien a acuerdos pobres, que no dan de sí todo lo que se podría haber obtenido conduciendo la negociación de manera más inteligente.

En la lista de tales tácticas figurarían todas las que incluyen engaño deliberado (con la reserva, que compartimos, de que no es lo mismo el engaño activo que la no revelación de todo nuestro pensamiento y, por supuesto, de nuestras alternativas) y abuso psicológico (las situaciones estresantes, los ataques personales, las amenazas), así como las técnicas exageradas de presión posicional.

Todos los trucos sucios —como movimientos estratégicos que son— tienen algo en común: te hacen pasar por una situación penosa que devalúa tu confianza y tus expectativas y de la que deseas salir lo antes posible, incluso al precio de ceder en la defensa de tus intereses para terminar de una vez.

Podemos citar como ejemplos de guerra psicológica y tácticas de presión (de nuevo nos referimos a Fisher y Ury, 1991) las esperas desconsideradas, las interrupciones constantes, la desatención, el ambiente ruidoso, el frío o el calor excesivos, la incomodidad del lugar o de la situación, los comentarios desagradables, las rutinas del tipo «policía bueno y policía malo», el tono amenazante, las demandas extremas o la escalada de exigencias.

La primera y mejor defensa ante los trucos sucios —como ya hemos adelantado para los movimientos estratégicos en general— es simplemente reconocerlos, esto es, identificarlos en el comportamiento de los adversarios y recordar que se trata de un intento de obtener ventajas sustanciales mediante la imposición de un tipo de procedimiento negocial. Muchas tácticas agresivas quedan desactivadas por el simple hecho de que las reconozcamos. Reconocerlas nos permite mostrar con nuestro comportamiento que sabemos lo que el otro está haciendo, y también transmitirle que con nosotros su estratagema no va a funcionar. El adversario se da cuenta, se siente descubierto —incluso avergonzado— y abandona su actitud. Si con el reconocimiento no es suficiente, el segundo paso consiste en explicitar abiertamente la cuestión. No hay que tener ningún problema en plantear de forma asertiva la necesidad objetiva de modificar las condiciones materiales de la reunión o de nuestra situación en ella: cambiarnos de lugar, de silla, de orientación respecto a la luz o las puertas, etc. De la misma manera hay que señalar la imposibilidad objetiva de trabajar si no existen buenas condiciones de comunicación, como es el caso de las interrupciones excesivas o el ruido o cualquier otra perturbación. En general, la explicitación es suficiente para que no se repita el ataque, pero si la situación no se resuelve habrá que pasar a la tercera fase y ponerse a negociar específicamente sobre las condiciones y el procedimiento negocial antes de entrar en las cuestiones sustanciales. Como dicen Fisher y Ury (1991), no seas una víctima, no cedas a la presiones, es más fácil defender un principio que una táctica ilegítima.

Negarse a negociar también es un movimiento estratégico. Como lo es la reputación del negociador duro, inflexible, que consigue mantener en los demás la expectativa de que él nunca cede. En realidad, el negociador duro es un rey que está desnudo y que tiembla ante la idea de que alguien le diga en voz alta que está desnudo. En los capítulos siguientes aprenderemos cómo decírselo.

Lidiar con el engaño

El engaño puro y simple es probablemente el truco sucio más antiguo y rutinario de las negociaciones.

«Este coche era de una anciana señora que prácticamente no salía de casa y que sólo lo utilizaba para ir a la iglesia los domingos», dice el vendedor sin escrúpulos, refiriéndose a un coche de autoescuela cuyo motor está a punto de estallar.

El engaño puede afectar tanto a los hechos como a los propósitos e intenciones, y también a las facultades, del negociador. Nadie es inmune al engaño, pero el hábito sistemático de la verificación, que reducirá el incentivo a engañarnos de los negociadores sin escrúpulos, y la exigencia de garantías que impliquen un coste que anule el posible beneficio del engaño pueden constituir mecanismos objetivos de protección.

Por supuesto, para evaluar el peligro inminente de engaño habrá que tener muy en cuenta el modelo de negociación en el que nos hallamos inmersos. Si es un trato único entre desconocidos, que no va a tener continuidad ni posibilidad de castigo ulterior, habrá que ser mucho más cauto que si la negociación se produce en un contexto de continuidad y se desarrolla entre personas para quienes la credibilidad de su reputación y nuestra relación permanente con ellos es un valor.

De todas maneras, en cualquier supuesto, la verificación es una buena costumbre negocial y la regla de actuación se puede formular con sencillez, citando a Fisher y Ury.[14]

14. FISHER, R., URY, W., *Getting to Yes. Negotiating an Agreement Without Giving In*, 2a. ed., Penguin Books, Nueva York, 1991. [Hay trad. cast.: *Obtenga el sí. El arte de negociar sin ceder*, Gestión, Barcelona, 2000.]

Proceder objetivamente, con independencia de la confianza

Esta regla se puede flexibilizar cuando estamos razonablemente seguros de que el contexto es del todo cooperativo o cuando están incluidas en la situación las garantías adecuadas. Sin embargo, incluso en tales casos es bueno mantener los procedimientos de verificación porque, aunque no exista peligro de engaño, sí existe la posibilidad de que haya errores en los datos o en las interpretaciones, malentendidos y confusiones.

Cuando se negocia profesionalmente en interés de terceros, la norma de proceder con independencia de la confianza es obligada y sin excepciones.

Ejemplo:

Todos los asesores legales saben que antes de comprar un inmueble hay que acudir al Registro de la Propiedad correspondiente para comprobar que quien dice ser el propietario lo es efectivamente y para asegurarse de que sobre la propiedad no existen cargas que disminuyan su valor ni reclamaciones o embargos de terceros. Si la comprobación no se realiza y después de pagado el precio se descubre que se trataba de una estafa, nadie admitiría al abogado la excusa de que no lo comprobó porque el vendedor era una persona honorable y conocida, de toda confianza. El abogado tendría que responder por negligencia ante su cliente. La verificación era inexcusable.

A este respecto Fisher y Ury (1991) alertan sobre la posible coacción moral que puede infligirnos la otra parte al tomar nuestra actitud de comprobación como una muestra de desconfianza personal. No hemos de permitir que esa reacción nos afecte. Seguro que el vendedor querrá verificar que pagamos realmente el precio, con dinero en efectivo o con un cheque registrado, y que no se contentará con nuestra simple afirmación de que somos solventes y tenemos dinero en el banco. Nosotros tenemos el mismo derecho de comprobación en relación con sus afirmaciones.

Existe una manera asertiva de gestionar las comprobaciones. En lugar de personalizar la desconfianza (respuesta agresiva) o de aceptar el trato sin atrevernos a verificar (respuesta pasiva o sumisa) bastaría con decir: «Le agradezco mucho su información, ahora me gustaría contar con una opinión independiente, estoy seguro de que usted lo entiende y está de acuerdo».

Pero el engaño, en cuanto jugada estratégica planeada y ejecutada como tal, también se sitúa estratégicamente, es decir, actúa en dimensiones en las que la verificación es difícil o imposible.

Quien utiliza el engaño se vale de una estructura (que puede ser preexistente o haber sido creada ad hoc por él mismo) que dificulte la comprobación. Incluso quien no ha previsto engañar puede cambiar de idea si se ve favorecido por una situación en la que controle la totalidad o la mayoría de los flujos informativos relevantes. El monopolio en el control de la información significativa genera una situación en la que la parte no informada corre un alto riesgo de ser explotada. Por tanto, en general es necesario evitar situaciones en las que la persona que controla la información tenga o pueda tener algún interés en las operaciones.

Para combatir el engaño, hay que tratar de disponer de fuentes de información separadas e independientes de las que proceden de los adversarios o de terceros interesados de alguna forma en el resultado. De hecho, las fuentes de información a las que podemos acudir son tan eficaces que difícilmente se puede excusar que alguien las ignore en una situación negocial. Una simple consulta por internet, por ejemplo, puede proporcionarnos las claves de lo que hemos de conocer o, por lo menos, puede darnos las referencias de dónde ir a buscar la información. Si, pese a todo, no obtenemos la información necesaria, habrá que tener en cuenta que operamos en una zona insegura y establecer una política de cautela estratégica que tienda a desincentivar el engaño.

Por ejemplo, en un mercado tradicionalmente opaco como es el de la reventa de objetos de arte, en el que las transacciones suelen hacerse al contado, sin documentación y por medio de un intermediario (que es el único que conoce al eventual comprador y el que nos informa del precio que éste último está dispuesto a pagar), éste tiene un incentivo claro para engañarnos y decirnos, cuando ya tiene un comprador solvente por un precio fuerte, que el objeto en cuestión tiene poca salida, o que hay serias dudas sobre su autenticidad que lo hacen invendible, aunque a pesar de todo ha encontrado un comprador dispuesto a pagar una cantidad que si bien está muy lejos de nuestras expectativas originarias es bastante más que nada. Una política de cautela estratégica exigiría que cada vez que el objeto resultara descalificado y devaluado por cualquier razón, nuestra respuesta fuera invariablemente desistir de la venta, a la espera de mejores tiempos: «En realidad, a mí me gusta mucho, y para venderlo ahora por ese precio prefiero disfrutarlo yo y tenerlo en casa» sería una fórmula posible. Esta política de anular todas las operaciones sospechosas (aun a riesgo de anular también operaciones honestas) tendería, a la larga, a desincentivar ese tipo de engaño al eliminar su productividad.

Por otra parte, los engaños resisten mal el paso del tiempo. En general, la eficacia del engaño depende de la rapidez con la que se obtiene la decisión inducida. Si la decisión no se produce de manera inmediata, el engaño puede quedar al descubierto. Por tanto, en las estructuras proclives a la aparición del engaño es preferible no tener prisa.

Si lamentablemente uno tiene prisa y además no controla la información y la comprobación no es factible, debería salir de la situación. Si tampoco eso es posible, entonces habría que introducir en las relaciones alguna perspectiva de continuidad —y la consiguiente eventualidad de algún tipo de castigo futuro si se descubre ulteriormente algún engaño— para inducir a nuestro oponente a valorar su reputación de actuar con honestidad.

Las secuencias o patrones de concesiones

Los intervalos o espacios entre la primera oferta y las sucesivas concesiones revelan información sobre si todavía son posibles concesiones ulteriores o ya no lo son, y sobre su previsible alcance.

Ejemplo:

En la estructura del regateo del mercado oriental (que es la más expresiva a efectos de ejemplificar el fenómeno al que nos referimos), una concesión importante del vendedor obtenida con cierta rapidez y sin que éste ofrezca mucha resistencia nos transmite el mensaje de que el vendedor todavía está dispuesto a conceder nuevas rebajas. Por supuesto, las concesiones del comprador que va subiendo sus contraofertas revelan una información análoga. Sin embargo, cada nueva concesión tendrá un intervalo menor y será más difícil de arrancar, de tal forma que el patrón de concesiones parece converger siempre hacia un punto, a partir del cual ya no será posible obtener ninguna concesión nueva.

El patrón de concesiones puede ser el resultado de un cálculo estratégico diseñado a propósito para hacernos creer que hemos conseguido la máxima rebaja razonablemente posible y que ha llegado el momento de aceptar el precio.

Observemos que si uno ha consentido en colaborar en el despliegue y el ajuste de los respectivos patrones de concesiones a partir de una primera oferta del otro jugador, se ha comprometido e implicado también con su previsible resultado, de cuya fabricación es corresponsable. Si bien en las negociaciones unidimensionales el regateo es la forma habitual de negociar, en situaciones más complejas el procedimiento de regateo produce resultados arbitrarios desde el punto de vista de los intereses profundos de los negociadores. En ulteriores capítulos, dedicados a las estrategias cooperativas, propondremos las vías de superación de los enfrentamientos posicionales.

Añadamos ahora algún consejo práctico para gestionar ciertos aspectos relevantes de las situaciones de regateo.

La primera recomendación —en lógica correspondencia con el precedente análisis de los patrones de concesiones— es la siguiente:

Evitar a toda costa hacer concesiones de gran intervalo, sea cual sea nuestra ubicación en el regateo. Si hacemos tales concesiones, estaremos revelando que todavía podemos hacer muchas más.

Otras dos recomendaciones extremadamente útiles, desde un punto de vista más general, son las que formula Schelling[15] cuando se refiere a los cambios en las tomas de posición, tanto de uno mismo como del otro jugador.

Cuando uno mismo considera que ha de hacer una concesión, debe tener en cuenta que dicha concesión afecta a las estimaciones del adversario sobre la propia firmeza —aspecto que acabamos de tratar— y que además puede sugerir que la anterior posición es un fraude, lo que afectará a la credibilidad de las propuestas que se hagan después.

Es necesario encontrar una excusa para el cambio, preferiblemente en forma de reinterpretación racionalizada de los fundamentos de nuestra posición anterior, reinterpretación que resulte persuasiva para el adversario.

Simétricamente, cuando estimamos que el adversario está por ceder y que no lo hace porque se siente comprometido con su anterior toma de posición, la estrategia será la siguiente:

Ayudar al adversario a salir de su compromiso mostrándole que puede hacerlo de manera consistente, ya que un análisis más afinado de los principios que estaban detrás de su posición le permite cambiarla sin que ello represente ninguna contradicción.

La toma de rehenes

Ejemplo:

Un rico coleccionista de relojes alemanes del siglo XVIII, al que le falta completar su colección con alguna obra de un famoso relojero de Lübeck, que ha buscado sin éxito por toda Europa, pasa por delante del escaparate de un anticuario de su propia ciudad y descubre, al fondo, refulgente, la pieza de sus sueños. Pagaría lo que fuera por ella. Podemos imaginar sin dificultad que el rico coleccionista entra en la tienda con aire condescendiente, circula despacio entre

15. SCHELLING, Th., *The Strategy of Conflict*, Harvard University Press, Cambridge (Mass.), 1980.

muebles y objetos, inicia una conversación despreocupada con el anticuario y al final, cuando ya parece que iba a marcharse sin comprar nada, pregunta el precio del reloj alemán («Tengo otros relojes de ese mismo relojero —mentirá—, ahora hay muchos en el mercado») y acabará llevándoselo con un importante descuento.

Habría pagado la suma que le hubieran pedido. En una subasta habría pujado y pujado hasta hacerse con el reloj, a cualquier precio. En cambio, ha pagado menos de la discreta cantidad que le pedía el vendedor. ¿Por qué? Porque el vendedor no sabía el valor que tenía para el coleccionista la única pieza que le faltaba para completar su colección. Si lo hubiera sabido, no sólo no habría accedido a ninguna rebaja, sino que quizá habría alegado la existencia de un compromiso verbal con otro comprador (cuya oferta tendría que ser ampliamente superada por el coleccionista si quería hacerse con el reloj).

En la negociación, el conocimiento de cuánto vale para una parte un elemento de los que están en juego puede permitir a la otra parte tomar ese elemento como rehén y obtener su valor completo.

La toma de rehenes es una estrategia que puede funcionar especialmente cuando hay varias cuestiones en juego y el contexto es muy conflictivo. Si una de las cuestiones es muy valiosa para una parte, la otra parte puede exigir un precio muy alto —en términos de concesiones sobre las restantes cuestiones en juego— a cambio de ceder en aquélla.

Aun cuando en ocasiones pueda parecer que no hay muchas cuestiones en juego, por lo menos de manera expresa, conviene no olvidar que uno de los atributos implícitos de la mayoría de las negociaciones es el tiempo. El mero transcurso del tiempo sin que se llegue a un acuerdo puede acarrear costes para una parte o para las dos.

Si una parte soporta mayores costes temporales que la otra, esta última puede tomar como rehén el tiempo con el fin de obtener concesiones sustanciales en el objeto explícito de la negociación.

Las huelgas convocadas por los sindicatos de pilotos de avión o por el personal de los hoteles una semana antes del inicio de un período de vacaciones masivas obedecen a este simple mecanismo. Por supuesto, los efectos de la toma de rehenes —como ocurre con todos los movimientos estratégicos que se pueden prever— se pueden anticipar sin necesidad de tomar los rehenes efectivamente. A la otra parte le basta con saber que podría ser así.

Ejemplo:

Muchos acuerdos extrajudiciales se firman a la baja simplemente porque, de acudir a los tribunales, la increíble duración de los procedimientos judiciales y la incertidumbre de la jurisprudencia perjudicaría a la parte que tiene prisa porque el statu quo le es desfavorable. La parte que tiene altos costes temporales lo sabe y hace concesiones. La que no los tiene lo sabe también y exige concesiones.

Como ya hemos mencionado, tener o no tener prisa —es decir, lo insoportable o soportable que resulte esperar el acuerdo mientras las cosas se quedan como están— puede predeterminar el resultado de una negociación. Es muy probable que quien tenga prisa (mientras el otro tenga paciencia) sólo obtendrá rapidez si paga un precio en forma de concesiones sustanciales. A su vez, quien tiene paciencia esperará tranquilamente a que vaya subiendo la cotización de su indispensable cooperación para cerrar el acuerdo.

Por esta razón, en general, cuando se suscriben contratos o se articulan relaciones jurídicas, hay que anticipar los posibles conflictos y establecer un sistema de garantías y penalizaciones que neutralice, en caso de incumplimiento o de disputa, la ventaja de la parte incumplidora, originada simplemente por el paso del tiempo.

Ejemplo:

Recordemos que el concesionario de una obra pública que ha depositado una importante garantía en metálico y que la va perdiendo por cada día de retraso tendrá un fuerte incentivo para terminar la obra en el tiempo convenido y para reparar de inmediato los defectos en los acabados.

También pude ser tomada como rehén la propia negociación o quizá, mejor dicho, la necesidad de negociar.

Para decidir nuestra política negociadora ante la posible toma de rehenes por la otra parte, habrá que proceder a evaluar el contexto, esto es, estimar de nuevo si nos hallamos en una situación muy conflictiva y con poco margen para la cooperación, o a la inversa. También será preciso estimar cuáles son las reglas de comportamiento que cabe esperar de los negociadores y si es un juego de disparo único o existe una continuidad.

En una negociación entre socios totalmente cooperativos con pocos elementos de conflicto y muchos de coordinación, la revelación franca de preferencias y de valoraciones facilitará la creación de valor conjunto en forma de invención de acuerdos que hagan compatibles las preferencias diferentes o que permitan compensaciones e intercambios (éste es precisamente uno de los mecanismos más eficaces para obtener ganancias conjuntas).

En cambio, en una negociación con antagonistas estridentes, con una gran dosis de conflictividad y escaso margen para la cooperación, o en una negociación aislada entre desconocidos, habrá que ser extremadamente cauto y astuto en el momento de la revelación de las propias preferencias y valoraciones para evitar que sean tomadas como rehenes. Ocultar, tergiversar lo que uno desea de verdad, exagerar estratégicamente el valor de lo que se concede y minimizar, también estratégicamente, el valor de lo que nos dan suelen ser las maniobras rutinarias en estos casos. Dichas situaciones, sin embargo, suelen ser bastante estériles negocionalmente (porque imposibilitan la obtención deliberada de ganancias conjuntas) y en ellas sólo se puede avanzar realmente cuando resulta factible la intervención de un tercero que tenga la confianza de ambas partes y a quien se puedan revelar las preferencias sinceras sin temor a que las secuestre y las utilice de forma estratégica contra nosotros.

Si uno se encuentra ya atrapado y dominado por la toma como rehén del tiempo o cualquier otro elemento de los que están en juego, ha de intentar cambiar la situación y redefinirla fuera del marco que le es desfavorable. Es decir, incrementar su valor de reserva generando mejores alternativas, disminuir el valor de reserva de la otra parte alterando en lo posible el statu quo en aquello que le proporciona paciencia, volver a diseñar el modelo ampliándolo o reduciéndolo —de forma que sea posible un contraataque o un nuevo equilibrio de fuerzas—, enlazar el juego presente con otros juegos simultáneos o futuros a fin de desvirtuar las posiciones dominadas y dominantes del actual.

Algo para recordar

- No seas una víctima, actúa por principios, no por presiones.
- El engaño siempre acecha, infórmate y comprueba.
- No permitas que se ofendan porque quieras oír una opinión independiente.
- En las actuaciones profesionales procede siempre objetivamente, con independencia de la confianza.
- Argumenta sobre criterios.
- Sé cauteloso al revelar tus preferencias.

9

Las trampas decisionales capturan tu mente

Para cualquier persona es importante saber si está adoptando una decisión racional —en relación con sus intereses y objetivos— o una decisión absurda. Para algunas ciencias, como por ejemplo la ciencia económica, la suposición de que actuamos racionalmente es indispensable para poder armar modelos y hacer predicciones. Sin embargo, cada día comprobamos con desaliento cómo nos desviamos una y otra vez de la racionalidad, y elegimos opciones que van en contra de nuestros intereses. Tal desviación de la racionalidad se debe al efecto de unos fenómenos llamados *trampas decisionales*. Vamos a observar tres de ellas, por su relación con el comportamiento negocial: el *efecto anclaje*, el efecto de los *costes sumergidos* y el *efecto marco*.

La condena depende de los dados[16]

Una serie de jueces con mucha experiencia son preguntados individualmente sobre el número de meses de prisión que estimarían aplicables a un condenado por hurtar un artículo caro en una tienda elegante del centro. Antes de formularles la pregunta, se les pide que

16. KAHNEMAN, D., *Thinking, fast and slow*, Allen Lane, 2011. [Hay trad. cast.: *Pensar rápido, pensar despacio*, Debate, Barcelona, 2012.]

tiren unos dados que han sido secretamente manipulados para dar sólo uno de esos dos resultados: 3 o 9. A cada juez se le preguntaba si impondría una condena de más o menos de tres meses de cárcel, o de más o menos de nueve meses, según la suerte de los dados en su caso particular. Los resultados de las respuestas son asombrosos. Los jueces que con los dados han sacado un 3 imponen un promedio de cinco meses de cárcel. Los jueces que han obtenido un 9 con los dados imponen un promedio de ocho meses de cárcel. Todos los jueces tienen formación y experiencia similares y son expertos en la materia. Todos han podido ver que la referencia de la pregunta es el resultado arrojado por los dados. Y pese a ello hemos obtenido una divergencia media de nada menos que tres meses de cárcel, simplemente tirando unos dados trucados.

Los jueces interrogados quizá no lo saben, pero han sucumbido al *efecto anclaje*. Al pedirles una respuesta referenciada al resultado de los dados, se han visto arrastrados por un dato aleatorio (3 o 9) que era rigurosamente irrelevante para el caso. Impresionante.

Todos los aficionados a los juegos de estrategia —incluidos los eternos aprendices del juego del bridge y los más despistados jugadores de ajedrez— conocen una regla de experiencia sorprendentemente simple (aunque después parezcan ignorarla con suma torpeza) que Raiffa (1982) formula en estos términos:

El lugar al que uno llega depende mucho del punto del que uno ha salido y del rumbo que ha tomado.

Esta regla de experiencia también es aplicable al proceso negocial. Recordemos aquel ejemplo de negociación tácita del contrato de edición que llega por correo, firmado por el editor. Fue una buena jugada, tan buena que empezó y terminó el partido. Estaba basada en el efecto anclaje.

El efecto anclaje

El *anclaje* (o *efecto anclaje*) se llama así porque su resultado es análogo al que produce echar el ancla desde un bote. El bote que ha echado el ancla por la proa irá desplazándose según los vientos o las corrientes, pero siempre tendrá la proa amarrada y orientada hacia el punto de anclaje, que constituye el punto central del círculo por el que el barco se desplaza.

Los experimentos sugieren que, cuando debemos dar una respuesta rápida o hacer un cálculo o una estimación en condiciones de relativa deficiencia informativa, tendemos a utilizar un punto de partida en forma de datos o cifras que están a nuestra disposición y que sometemos a un ajuste aproximado.

El efecto se puede inducir si se pide a dos grupos de personas una estimación de la población de Sri Lanka (obviamente se necesita un público poco familiarizado con la zona geográfica al sur de la India), y a un grupo se le pregunta si es mayor o menor de 5 millones de habitantes y al otro, si es mayor o menor de 30 millones de habitantes. La divergencia entre los resultados promedios de las respuestas de cada grupo llega a rebasar los 10 millones.

Existe un experimento muy citado, que hemos realizado muchas veces con estudiantes de negociación y cuyos resultados ilustran muy bien el funcionamiento del anclaje, como cualquier lector podrá comprobar por su cuenta si tiene unos cuantos voluntarios a su alcance.

Hay que preparar dos cuestionarios distintos (que llamaremos A y B).

En el cuestionario A se pregunta en primer lugar si a juicio del estudiante el porcentaje de países africanos dentro del conjunto de países de la ONU es superior o inferior al 10 %. En segundo lugar, se pide al estudiante que escriba por sí mismo el porcentaje que estime correcto.

En el cuestionario B se pregunta en primer lugar si a juicio del estudiante el porcentaje de países africanos dentro del conjunto de países de la ONU es superior o inferior al 40 %. En segundo lugar, se pide al estudiante que escriba por sí mismo el porcentaje que estime correcto.

Cada persona recibe aleatoriamente un cuestionario A o un cuestionario B y nadie sabe que se están repartiendo dos versiones distintas del cuestionario.

El cuestionario debe ser respondido sobre la marcha, en un

tiempo máximo de 5 minutos. Acto seguido se recogen las respuestas y se calculan los promedios respectivos de las respuestas al cuestionario A y al cuestionario B.

El promedio de las respuestas al cuestionario A suele oscilar entre el 12 % y el 16 %, y el del cuestionario B, entre el 18 % y el 27 %.

La referencia a un porcentaje determinado, el 10 % o el 40 %, era rigurosamente irrelevante para contestar la pregunta que se formulaba. La pregunta, en realidad, era la misma para ambos grupos, a saber: ¿cuál es el porcentaje de países africanos dentro del total de países de la ONU? Sin embargo, al tener que responder en condiciones de deficiencia informativa —es una pregunta pensada para que ninguno de los destinatarios conozca a ciencia cierta la respuesta exacta—, las personas de cada grupo han hecho estimaciones a partir de una referencia numérica que venía incluida en el cuestionario y después la han ajustado aproximadamente. El 10 % les parecía poco y el 40 %, mucho, y los han corregido en la buena dirección. Los primeros lo han subido un poco, los segundos lo han rebajado bastante, pero en ambos casos sus percepciones han quedado ancladas al dato irrelevante que se ha introducido deliberadamente en la pregunta, como indican los resultados comparativos.

Sutherland (1992) cita experimentos en los que también se produce el efecto anclaje al tener que elegir un punto de una escala o al seleccionar un número de una serie de números consecutivos: se suele elegir un punto medio, al suponer inconsecuentemente que los extremos equidistan del valor real. Este tipo de anclaje se usa sin mucha sutileza en las encuestas sobre la valoración de los políticos. Dado que quienes las responden tienden a escoger alguna de las opciones centrales, equidistantes de los extremos, los que elaboran la encuesta por cuenta del gobierno se las arreglan para que las opciones centrales representen una valoración razonablemente positiva y los que trabajan por cuenta de la oposición se cuidan bien de que las opciones centrales sean más bien penosas.

El efecto anclaje es un mecanismo psicológico del que se derivan consecuencias relevantes en el campo negocial. Cuando alguien negocia en situación de incertidumbre o deficiencia informativa —situación que, como sabemos, es bastante corriente—, el punto de partida de la negociación —sea la cifra, el dato, el precio, las condiciones, la forma, el procedimiento u otros— desde el que se ajustan sus estimaciones puede haber sido estratégicamente introducido por el otro negociador para que las percepciones del que tiene menos información queden ancladas en relación con ese punto preciso y su respuesta se mantenga relativamente cercana a ese punto de anclaje. Negocialmente, el anclaje consiste precisamente en eso: introducir estratégicamente el punto de partida (o de referencia) de la negociación.

Ejemplo:

En todas las épocas y en todos los países algunos ciudadanos adinerados buscan en el campo una *casa-con-encanto-rústico* para convertirla en mansión de fin de semana. Y en todas partes los actuales propietarios de la *casa-con-encanto-rústico* piden un precio, normalmente astronómico, pero que puede fluctuar, *por la misma casa*, entre por ejemplo 300.000 y 1.300.000 euros. ¿A partir de qué cifra comenzaremos a regatear? ¿Dependerá simplemente de la primera oferta de la otra parte y no de bases más sustantivas?

Con el tiempo, casi todos superamos la vergüenza que al principio nos producía pedir un descuento. A fuerza de mucho entrenamiento y ejercicios de autoestima, conseguimos llegar a pedir el célebre 10 %. Pero ¿el 10 % de qué? Pues del precio que nos han dicho, por supuesto. Y precisamente ese precio es lo que no ponemos en cuestión. Sea cual sea el precio de partida, si nos hacen el 10 % pensamos que hemos hecho un buen negocio.

Imaginemos un caso extremo. Una anciana señora que ha conocido épocas mejores y tiene pocos ingresos quiere hacer un buen regalo a un nieto que ha obtenido su licenciatura universitaria. La señora decide vender una joya de su madre, un broche de aspecto frágil con una libélula transparente en el centro, prisionera de un fino marco ovalado de oro. Acude a un joyero de su barrio al que explica sus intenciones y le hace esa pregunta que el joyero ha oído tantas veces: «¿Cuánto me podría dar por esto?». Supongamos que el joyero reconoce de inmediato uno de los bellísimos broches modernistas de Masriera, de enorme valor artístico y muy apreciados por museos y coleccionistas, y supongamos —es un ejemplo inventado— que le responde con cierta conmiseración: «Mire, señora, estas cosas ya están pasadas de moda, nadie las quiere. Están bien hechas, pero sólo valen lo que valen los materiales. Hay un poco de oro, un poco de esmalte. Le puedo dar 150 euros». La anciana señora, decepcionada, dirá: «Vaya, esperaba más. ¿No me podría dar por lo menos 200 euros?». Obviamente, en esta triste historia las percepciones de la anciana señora han quedado ancladas por la primera oferta fraudulenta del joyero. La señora nunca responderá, en relación con el precio real: «Vaya, esperaba más. ¿No me podría dar 60.000 euros?».

El anclaje documental

Existen otras formas de anclaje que no consisten en introducir estratégicamente una cifra o un dato. La más relevante en las negociaciones es la del anclaje documental.

Cuando se está negociando un acuerdo general, un contrato, un reglamento, un convenio de divorcio, un plan de acción, un proyecto de acción social o política o cualquier trato complejo que deba constar por escrito, la parte que aporta a las reuniones una propuesta de documento ya redactado («Es un simple borrador, un instrumento de trabajo para que nos sirva de guión, se puede cambiar lo que se quiera») tiene mayores probabilidades de obtener un mejor resultado con relación a sus aspiraciones que si no hubiera aportado el escrito.

Como saben todos los negociadores experimentados que utilizan esa técnica (o la de: «Si queréis ya me encargo yo de redactar el borrador de las conclusiones con todo lo que hemos dicho hasta ahora y luego lo discutimos»), si las conversaciones se desarrollan a partir del texto aportado, aunque sea para modificarlo, ya se ha ganado algo fundamental: la estructura del documento, su forma, sus ejes básicos, su significación implícita, lo que dice tanto como lo que no dice, habrán sido pensados cuidadosa e imperceptiblemente a la medida de los intereses de quien lo ha redactado.

Entre las razones que aconsejan un uso sistemático de esta técnica hay un fenómeno singular que se puede detectar en muchas negociaciones a propósito de la redacción de documentos, singularmente contratos. Existen expresiones, condiciones, garantías, giros de lenguaje e incluso pactos enteros que:

a) Si no están ya escritos en la propuesta, es difícil encontrar argumentos para incluirlos en el documento final (la contraparte afirma que son redundantes, innecesarios o que ya están implícitos).

b) Si ya están escritos en la propuesta, es difícil encontrar argumentos para expulsarlos del documento final (podría parecer que quien pide la expulsión abriga propósitos de incumplimiento).

La técnica del anclaje documental, que es perfectamente legítima entre profesionales que están (o deberían estar) informados en la misma medida, tiene una variante institucional muy extendida y particularmente peligrosa, porque suele implicar un abuso de la posición dominante, y a veces un abuso fraudulento: la del contrato tipo, real o supuesto, pero siempre presentado como intocable.

Ejemplo:

«Éste es el contrato normal de alquiler, no tiene nada de particular», le dice el representante del propietario al desprevenido y ansioso aspirante a inquilino mientras le pone delante un papel impreso que contiene un montón de obligaciones adicionales y de renuncias a derechos que el inquilino podría muy bien negarse a aceptar si negociara en términos equilibrados. «Ésta es la hoja de encargo, firme aquí por favor», dice el intermediario inmobiliario al despistado propietario que quiere vender su casa y que se ve atrapado por una cesión en exclusiva que se renueva automáticamente. Como refuerzo del anclaje documental, se invoca a veces alguna difusa autoridad: la política de la compañía, las normas del banco, las reglas de esta casa, las instrucciones que tenemos, etc.

El desanclaje

Puesto que los anclajes sólo funcionan bajo condiciones de incertidumbre y deficiencia informativa de la víctima de la técnica, la defensa ante ellos ha de basarse —como hemos visto en el apartado sobre los engaños— en la información y las comprobaciones.

Una línea de defensa muy útil para desactivar anclajes cuando no podemos acceder de inmediato a la información es el análisis y la discusión de los principios.

¿Cómo has llegado a ese precio? ¿En qué criterio se basa la atribución de la carga de trabajo? ¿Cómo has calculado el tiempo necesario para cada fase del programa?

También, desde un punto de vista puramente estratégico, formular una contraoferta muy alejada y por completo independiente de la primera oferta puede tener una función desactivadora del efecto del anclaje. Sin embargo, siempre será difícil hacer una contraoferta a ciegas, sin tener la información que dé seguridad y credibilidad a nuestro movimiento.

En todo caso, la defensa ante el anclaje abusivo reside, además de en la información y la comprobación, en un hábito inalterable de negociación objetiva, reflexiva y en lo posible analítica, que resulte incompatible con una estructura negocial diseñada a propósito para crear una dinámica de explotación y sumisión.

En cuanto al anclaje documental, todo documento redactado previamente por la otra parte debe ser recibido como una propuesta que uno puede aceptar, no aceptar, modificar o sustituir íntegramente por otro documento. Si han de mandarnos una propuesta de contrato o de documento que tendremos que firmar es mejor, con la dosis suficiente de autorización, pedir que nos lo remitan por anticipado a través de internet y en un formato modificable. Si pese a todo nos lo han mandado en un formato no modificable, no dudaremos en transformarlo o en redactar un ejemplar independiente.

Recordemos que cualquier tipo de anclaje es una trampa decisional que nos induce a adoptar decisiones contrarias a nuestros intereses. El entrenamiento consiste en reconocer la trampa, ser consciente de la situación al tomar decisiones y repensar nuestra primera reacción.

La primera oferta

El vehículo más común para introducir el anclaje en la negociación es precisamente la primera oferta. Una primera oferta firme formulada por la parte que tiene más información puede anclar, a la baja, las expectativas de la parte que tiene menos información. En cualquier caso, formular la primera oferta puede ser un medio eficaz de anclar las percepciones y las expectativas de la otra parte, especialmente si esta otra parte tiene menos información que nosotros sobre el conjunto negocial.

A menudo se plantea, por tanto, la pregunta de si es mejor formular uno la primera oferta o esperar a que sea el otro quien lo haga. Obviamente la respuesta es: depende de la situación.

Si uno no tiene una idea fiable de las alternativas de la otra parte ni dispone de información suficiente sobre el conjunto de variables de la negociación, lo más indicado será abstenerse de hacer la primera oferta para no quedarse innecesariamente corto en contra de nuestros intereses ni pasarse de forma injustificada, con el consiguiente peligro de ruptura.

En cambio, si uno conoce lo bastante el valor de reserva de la otra parte —y más aún si sabe que ese valor es relativamente bajo—, puede aprovechar la ocasión para hacer una primera oferta que, mejorando con moderación el valor de reserva del otro negociador, fije las expectativas de este último alrededor de un punto favorable para nosotros.

En ocasiones, sin embargo, incluso cuando uno conoce perfectamente el valor de reserva de la otra parte, además del propio, puede convenir no hacer la primera oferta si sospechamos justificadamente que el otro no tiene ese conocimiento y, pese a ello, se va a lanzar a hacer una primera oferta que ha de resultar muy útil, pues revelará su nivel de aspiraciones.

En tal supuesto, si su primera oferta es muy buena para nosotros, nos bastará con aceptarla (si tal cosa es éticamente admisible), y si no es buena nos será muy fácil hacer una contraoferta y resituar las expectativas del otro de acuerdo con nuestro conocimiento de la situación.

En términos generales, según sugieren los experimentos, si no hay límites, cuanto más alta es la demanda inicial de un negociador en un entorno negocial distributivo mejor es su resultado final. Ahora bien, una demanda inicial alta no puede formularse a ciegas, hemos de conocer el terreno. Cuando no disponemos de una buena información, corremos el riesgo de quedarnos aún cortos, aunque creamos que pedimos mucho, o bien de excedernos de forma arbitraria, con la consiguiente pérdida de credibilidad y el peligro de ruptura.

Una pregunta clave al planear una negociación es la siguiente: ¿quién necesita más a quién? Si conocemos la respuesta, tenemos la medida exacta de nuestro poder negocial. Sin embargo, no solemos conocerla con precisión porque éste es uno de los secretos mejor guardados y más sometidos a maniobras de distracción. Los negociadores, salvo si son muy ingenuos, actúan estratégicamente. Sin necesidad de mentir —un buen negociador no miente nunca, aunque parezca increíble—, afectan las percepciones del adversario en el sentido que les conviene. Los movimientos de cada uno, desde mucho antes de empezar a hablar, tienen como objetivo devaluar las expectativas del otro, sugerirle que tenemos muchas alternativas y ningún interés especial —y menos aún necesidad— en llegar a un acuerdo con él.

Lo saben bien los desdichados líderes políticos que ganan las elecciones sin mayoría parlamentaria suficiente y deben acudir a los pactos de coalición o de apoyo más o menos estable. Resulta interesante observar los rituales de aproximación entre las diversas formaciones políticas. Cada líder parece estar en otras cosas mientras intenta administrar adecuadamente el tiempo y los silencios.

Manifestar prisa es mostrar debilidad y transmite información sobre la cuestión clave: quién necesita más a quién. Quizá es mejor no precipitarse. Además, si nos lanzamos a hablar cuando nuestra información es incompleta, podríamos quedarnos cortos en perjuicio propio —la otra parte se temía que íbamos a pedir mucho más— o pasarnos tanto que luego no haya forma decente de retroceder sin perder la cara. Esperemos a que hable el otro o a que tengamos que hablar de otra cosa, como la composición de las mesas de las cámaras, por ejemplo, para buscar la oportunidad de tantear el terreno, como de paso, sin dar la impresión de estar adoptando el funesto papel de suplicante. Pero ¿y si la oportunidad se nos escapa? ¿Y si luego es demasiado tarde? Ay, ay, ay. El gran líder se hace el distraído, sólo evoca grandes ideas, la gobernabilidad, el programa más votado, el interés de la nación…, pero se nota mucho que observa a escondidas, ansioso, evaluando.

El texto único de negociación (SNT)

El efecto anclaje puede ser utilizado también de manera constructiva e integradora, especialmente en la negociación asistida por un mediador, con el uso del llamado *texto único de negociación* (SNT, según las siglas en inglés).

Las negociaciones complejas sometidas a mediación, o las negociaciones multilaterales simultáneas (en los foros internacionales, por ejemplo), requieren algún tipo de vector operativo que señale una dirección y haga avanzar el proceso y que, a la vez, sea un instrumento de integración y creación de valor conjunto. Ésta sería la función de un texto único, redactado por el mediador o por el ponente en forma de propuesta integradora de las demandas unilaterales de las partes, en el que se combinaran de manera compatible las diferentes cuestiones en juego y que a continuación se sometiera al juicio de los interesados, en sucesivas rondas separadas de discusión, quienes harían observaciones, mejoras y ajustes, para que después lo reelaborara el mediador.

Un texto único de negociación puede y, de hecho, suele tener muchas versiones sucesivas hasta que el responsable del mismo considera que se ha llegado a una propuesta integrada completa que puede ser sometida a la aceptación o rechazo del conjunto de las partes negociales. En las negociaciones de Camp David el equipo del presidente Carter redactó veintitrés versiones sucesivas hasta conseguir que las dos partes enfrentadas aceptaran el documento.

La técnica del SNT requiere que el responsable de la elaboración del texto tenga una gran competencia analítica y sea hábil elaborando paquetes negociales integrados.

La trampa de los costes irrecuperables (o sumergidos)

Otra trampa decisional es la que resulta del llamado *efecto de los costes sumergidos*. Consiste en lo siguiente: quienes han invertido tiempo, dinero o dedicación personal para hacer o conseguir algo tienden a continuar haciéndolo aunque su actitud se revele como equivocada y les proporcione más pérdidas que ganancias. Cuando uno ha esperado el metro durante mucho rato, tiende a continuar esperándolo aunque se haga cada vez más evidente que el servicio está interrumpido y que uno va a llegar tarde como no suba enseguida a la calle y tome un taxi. Algunas parejas que llevan varias décadas con una pésima relación piensan que no tiene sentido divorciarse ahora, después de tanto tiempo, y que lo adecuado es seguir martirizándose algunas décadas más. La mayoría de los espectadores aguanta hasta el final una película insufrible simplemente porque ha pagado la entrada. Algunos accionistas de empresas que van, imparables, a la quiebra se resisten a vender sus títulos cuando todavía valen algo porque perderían dinero en relación con el precio al que los adquirieron, y así se arruinan del todo. Cuando al poco de iniciarse una obra pública o una política costosa la iniciativa se revela claramente mal planeada o inútil, la administración siempre decide continuar con ella, cueste lo que cueste: ¿cómo vamos a tirar ahora los cien millones del contribuyente que ya nos hemos gastado?, se preguntan los responsables. No, se contestan, hay que llegar hasta el final y tirar quinientos millones más.

Tales decisiones se basan en un error contable. Nos cuesta aceptar que lo que se ha perdido está perdido y es irrecuperable. Lo que tendría que fundamentar nuestras decisiones racionales no es el pasado sino el futuro, lo que vamos a ganar o a perder a partir de ahora, con el contador puesto a cero. Los períodos de crisis dejan al descubierto muchos costes sumergidos y suministran una excelente oportunidad para reflexionar sobre lo que realmente queremos que sea el resto de nuestra vida y decidir en consecuencia.

La trampa del marco (*framing*)

Según se formula una pregunta, o según se *enmarca* una situación, se induce la respuesta interesada. Básicamente se utiliza esta trampa cuando se presenta como una ganancia lo que formulado de otra forma se vería como una pérdida. Por ejemplo:

> ¿Puedo rezar mientras fumo? La respuesta más probable es que *sí.*
> ¿Puedo fumar mientras rezo? La respuesta más probable es que *no.*

El término «participación *preferente*» sugiere algo positivo y privilegiado cuando en realidad es un producto cuya remuneración no está garantizada, carece de vencimiento y en caso de concurso o bancarrota de la entidad emisora coloca al tenedor en el último lugar entre los acreedores no propietarios de la compañía.

«Si lo encuentra más barato le abonamos la diferencia» es una frase atractiva y tranquilizadora, pero es un mecanismo oligopólico de cartel tácito, mantiene los precios altos al disuadir a la competencia de bajarlos. Los agentes del cartel somos los compradores, que rastreamos dócilmente los incumplimientos del acuerdo virtual.

Las compañías aéreas de supuesto bajo coste quieren convencernos de que comprar los pasajes con mucha *anticipación* es un buen negocio porque nos supondrá un gran ahorro. En realidad se trata de una operación de marketing para asegurar con tiempo cierta ocupación del avión. Después, cuando se acerca la fecha del vuelo y el avión no se ha llenado, los precios bajan de forma espectacular. Y por supuesto, los cambios de última hora a los que se ven obligados los viajeros exageradamente previsores son una considerable fuente de ingresos extras para la aerolínea.

La tarjeta *frequent flyer* de cualquier aerolínea en particular encarece la opción de volar en las otras, nos motiva a pagar precios más altos que los de la competencia e incluso nos induce a volar sin necesidad de hacerlo, sólo para completar los mínimos anuales.

Comercio justo es un término emotivo que nos incita a comprar productos —cuya calidad no valoramos de manera prioritaria— a un precio superior al de mercado y a que nos sintamos bien por ello.

Fondo de pensiones es otro término emotivo; sugiere seguridad y bienestar en la vejez. En realidad, nuestras aportaciones a los fondos nos ahorran una pequeña cantidad de impuestos a cambio de dejarnos secuestrar una cantidad de dinero mucho mayor. Los principales beneficiarios son los gestores del fondo que cobrarán regularmente sus comisiones, tanto si consiguen ganancias como si pierden nuestro dinero.

ONG sólo significa «organización no gubernamental». El nombre —que también es emotivo— no garantiza por sí solo ni la bondad ni la maldad de las actividades de la organización, ni nos asegura que los principales beneficiarios de las donaciones sean otros que los propios miembros de la organización.

Algo para recordar

- Las trampas decisionales pretenden apartarte de la racionalidad, en contra de tus intereses.
- A donde uno llegue depende del punto de partida y del rumbo que ha tomado: no dejes que los fije el adversario.
- Tienes derecho a revisar y a cambiar cualquier texto que te propongan firmar.
- Redacta borradores de trabajo siempre que puedas.
- Decidir en función de los costes irrecuperables te lleva a persistir en el error, contempla únicamente los costes o beneficios futuros.
- No resuelvas el problema equivocado.
- Sé consciente del efecto de las trampas y reconsidera tu primera respuesta.
- No tomes decisiones inducidas únicamente por un nombre emotivo.

10

Uno cede porque cree que el otro no cederá

Al presentar los juegos de la negociación mencionábamos una regla estratégica de comportamiento: *adoptar un curso de acción que la otra parte vaya a dar por seguro*. Esta regla se refiere a la necesidad de dotarnos de *credibilidad*. La credibilidad nos suministra poder. Si los demás creen que haremos lo que anunciamos que vamos a hacer, nuestro poder es mayor que si nadie nos toma en serio. Un negociador necesita credibilidad estratégica para poder afectar las expectativas de los demás en el sentido que le conviene (recordemos que ésa es precisamente la finalidad de todo movimiento estratégico).

Ahora bien, una acción (o una regla de respuesta) que se puede cambiar pierde efecto estratégico ante un adversario que piensa estratégicamente. La credibilidad requiere encontrar una manera que impida volverse atrás. A esta necesidad responden un conjunto de estructuras que se agrupan en torno a la idea y al nombre de *autorrestricción*.

Gibraltar, el truco del volante (1713, 1969, 2006)

Dos camiones cargados de explosivos circulan velozmente y en sentido opuesto por una carretera muy estrecha. Sólo uno de ellos podrá pasar. El otro tendrá que desviarse a una zanja de peligrosa inclinación, y se arriesgará a volcar. ¿Cuál pasará? ¿Cuál se apartará? Ambos avanzan a gran velocidad, decididos a no ceder. Ya están a la vista el uno del otro. En ese momento uno de los dos conductores desmonta el volante de su camión y lo lanza por la ventana. Ya no puede apartarse. Tendrá que ser el otro quien lo haga. ¿Les parece una fábula absurda? Es un célebre ejemplo de estrategia negocial que propone Thomas Schelling, premio Nobel de Economía en 2005. Y sin duda es una fábula, pero está lejos de ser absurda. Veamos por qué.

España ha reclamado históricamente al Reino Unido la retrocesión de la soberanía de Gibraltar, cedida en el Tratado de Utrecht (1713). Las negociaciones entre España y el Reino Unido han pasado por diferentes etapas, pero nunca han progresado de manera significativa. En la actualidad, en el contexto de la Unión Europea, el Reino Unido podría recibir una presión mayor, lo cual mejoraría la posición negocial de la parte española, pero en el preámbulo de la Constitución de Gibraltar de 1969 —que se reitera en la de 2006— se recoge el compromiso británico de «no transferir en ningún caso a otro país la soberanía de Gibraltar en contra de la voluntad de sus ciudadanos, libre y democráticamente expresada». Esta frase es el equivalente del volante que el conductor de uno de los camiones enfrentados tiraba por la ventana. Se trata de lo que negocialmente se denomina una *autorrestricción*, una estrategia particularmente temible por el poder que confiere a quien la despliega de forma competente. Consiste en reducir a propósito y de manera irreversible nuestra libertad de acción, suprimiendo así nuestra capacidad para capitular.

El Reino Unido se prohibió a sí mismo, de manera voluntaria pero irreversible, adoptar una decisión de transferencia de soberanía sin el concurso de la voluntad de los gibraltareños. Era un buen momento: España estaba bajo una dictadura sin ninguna legitimidad internacional. El compromiso sugiere justicia, usa palabras emotivas, como «voluntad libre y democrática». De hecho, es un truco negocial que libera a la potencia que detenta la soberanía de cualquier presión: «Por mí te lo devolvería —podría decirle ahora el primer ministro británico a su colega español—, pero, querido amigo, no puedo». Es verdad, aunque quisiera, no podría. España, para recuperar Gibraltar, primero tendrá que convencer a los gibraltareños de que les conviene abandonar, entre otras cosas, su régimen fiscal y aduanero. No parece sencillo.

¿Cuándo se termina, por ejemplo, un regateo? Cuando uno de los dos negociadores cede y acepta (o se resigna a) la última posición del otro. ¿Y por qué cede uno de los negociadores? Porque piensa que el otro no va a ceder. Como es obvio, en la lógica del regateo, uno no cedería si pensara que el otro aún está dispuesto a ceder. ¿Y por qué piensa uno que el otro ya no cederá? Porque el otro le ha transmitido ese convencimiento de alguna manera. ¿Y cómo se puede transmitir la certeza de que uno no va a ceder para obligar al otro a ceder él? Seguramente hay muchas maneras, pero la más eficaz es que el adversario tenga la seguridad de que uno no puede ceder, *aunque quiera*. La autorrestricción es una estrategia consistente en obligarse uno mismo a fin de obligar al contrario.

En el lenguaje de la teoría de juegos se dice que la autorrestricción limita de forma irreversible los resultados posibles del juego y coloca a la otra parte ante una única opción para maximizar su beneficio, justamente la opción que a nosotros nos conviene más.

No siempre se logra una jugada maestra, como en el caso de Gibraltar. No siempre es posible alcanzar un nivel tan intenso de irreversibilidad. Pero todos podemos reconocer multitud de aproximaciones que funcionan con mayor o menor fortuna si se adaptan a la situación de que se trate y cumplen con la función de suministrar credibilidad.

Los profesores están obligados a revisar, una vez calificados, los exámenes de todos los estudiantes que acudan a su despacho el día y hora previamente anunciados. Para facilitar el trabajo, se informa a los alumnos de que antes deben inscribirse en una lista de manera que el profesor pueda saber por anticipado quiénes irán a su despacho y así prever la duración de la sesión. Pero muchos estudiantes se olvidan de inscribirse. Aun así se presentan a la revisión, confiando en que, como suele ser el caso, se les atenderá de todas maneras. Algún profesor ha dado con un clásico recurso de autorrestricción: sólo lleva consigo a la sesión de revisión los exámenes de los estudiantes que se han inscrito previamente. No podrá atender a los que no están en la lista y no porque no quiera, sino porque no dispone del examen que habría que revisar. Asunto concluido.

Un estudiante nos contaba en clase que su novia tenía una amiga a la que más de una vez nuestro estudiante tenía que llevar en coche hasta su remoto domicilio. La técnica desarrollada para evitarlo era la siguiente: cuando sabía que su novia estaba con su amiga y tenía que ir a recogerlas a algún punto de la ciudad cargaba una bicicleta de montaña en la parte trasera de su pequeño automóvil, que quedaba inutilizable. La amiga volvía a su casa por sus propios medios.

Un tipo de autorrestricción universalmente utilizado consiste en *no saber* hacer algo, o en hacerlo francamente mal. Multitud de tareas domésticas o fastidiosas recaen entonces sobre la parte que lo hace bien. Por supuesto, con el paso del tiempo, cada vez es mayor la distancia funcional entre el que desarrolla las tareas de manera competente y el que no las ejecuta de ninguna manera. Así se consolidan los roles.

En todos los casos la estrategia de autorrestricción, si está bien ejecutada, produce un cambio real en la estructura de incentivos del juego y modifica realmente las expectativas que tienen los demás sobre nuestro comportamiento. Los demás tendrán que adaptarse a la nueva situación y actuar en consecuencia. Como tantos movimientos de negociación tácita y estructural, la jugada ha tenido lugar fuera de la mesa de negociación e incluso antes de empezar a hablar. Ya no hay nada que hacer. Nuestro adversario ha conseguido la credibilidad estratégica que necesitaba. No puede volverse atrás, aunque quiera (y por supuesto no quiere).

Los compromisos

La mayoría de técnicas negociales de base autorrestrictiva se estructuran por medio de *compromisos* (en el sentido de obligación contraída o palabra dada, no en el de arreglo o transacción).

Para que el compromiso produzca el resultado deseado debe ser proporcionado a su objetivo (si es muy excesivo no resulta creíble, y si es insuficiente no resulta disuasorio), irreversible (en principio uno no debe poder liberarse por sí mismo) y comunicado (el adversario ha de conocerlo y entenderlo antes de tomar sus propias decisiones).

Dixit y Nalebuff[17] enumeran los compromisos agrupándolos según los principios o procedimientos que les confieren credibilidad. Los exponemos a continuación:

1. El primer principio es el de cambiar la estructura de recompensas o las ganancias del juego, es decir, hacer más costoso romper el compromiso que mantenerlo.

Este cambio en la estructura de recompensas se puede obtener mediante la suscripción de *contratos* y mediante el establecimiento y el uso de una *reputación*.

Los contratos modifican las ganancias del juego porque crean obligaciones con el otro negociador o con un tercero, cuyo incumplimiento lleva aparejada una sanción.

La reputación la crea y la mantiene uno mismo, pero puede tener el mismo efecto que los contratos. Si sólo se va a jugar una vez, la reputación tiene escasa importancia para garantizar un compromiso. En cambio, si se juega muchas veces con unos y con otros, establecer una reputación y no destruirla con un incumplimiento ocasional es un incentivo.

Ejemplo:

El Gobierno de Israel se creó y mantuvo la reputación de que no negociaba con terroristas en ningún caso, aunque tuvieran rehenes israelíes en sus manos. Si se cumple siempre con ese compromiso, aun a costa de las numerosas víctimas, se acaba alcanzando el objetivo de desincentivar la toma de rehenes israelíes.

Paradójicamente, la reputación de ser un loco, un fanático o alguien sin principios puede ofrecer cierta ventaja estratégica, porque hace más creíbles amenazas que resultarían impensables si fueran proferidas por alguien razonable y civilizado. Es evidente que no hace falta dar nombres porque todos tenemos en la cabeza

17. DIXIT, A. K., NALEBUFF, B., *Thinking Strategically*, Norton, Nueva York, 1991. [Hay trad. cast.: *Pensar estratégicamente*, Bosch, Barcelona, 1992.]

ejemplos suficientes de los beneficios que proporciona la mala reputación en el ámbito internacional.

2. El segundo principio es el de cambiar el modelo de funcionamiento del juego desplegando algún movimiento que limite seriamente la posibilidad de echarse atrás.

• *Cortar la comunicación* después de anunciar o ejecutar una jugada puede hacer irreversible nuestro compromiso con una opción determinada.

Ejemplo:

Los teléfonos móviles y los contestadores automáticos han facilitado mucho el uso de recursos del tipo: «Te dejo este mensaje porque entro en una reunión y apago el móvil, así que quedamos en tal sitio y a tal hora», cuando ese sitio y esa hora son los que nos convenían a nosotros, pero seguramente habrían sido negociados si hubiéramos mantenido abierta la comunicación.

Todo lo que sea desaparecer o ponerse fuera del alcance de los demás interesados, una vez formulado un compromiso, obviamente refuerza su irreversibilidad.

• *Quemar las naves* o negarse a sí mismo la posibilidad de la retirada refuerza la credibilidad del compromiso de luchar hasta la muerte.

Ejemplo:

Hernán Cortés, después de quemar las naves en el golfo de México, sólo tenía dos opciones: vencer o morir. Sus oponentes mexicanos disponían, además, de una tercera opción: retirarse al interior, y eso fue lo que hicieron. De hecho, parece que Cortés no quemó las naves, sino que hundió buena parte de la flota para evitar que sus propios soldados se escaparan, pero el efecto técnico fue el mismo.

Por supuesto que la quema de las naves ha de ser eficazmente comunicada al adversario. Si el adversario no se enterara del incendio, el monumental gasto de la jugada habría sido inútil. No hace falta precisar que la técnica de quemar las naves no tiene que ser tomada en un sentido literal. Toda acción que impida o dificulte en gran medida nuestra retirada puede convencer a la otra parte de la firmeza del compromiso con la defensa de nuestra posición.

Cuenta Suetonio[18] que Julio César, cuando la suerte de una batalla era dudosa, mandaba retirar del campo a todos los caballos, incluido el suyo, de forma que a los soldados romanos no les quedara otra opción que luchar para vencer, si no querían morir, porque la retirada era imposible.

- Establecer un *mecanismo automático de respuesta* que escape al propio control.

La mítica respuesta nuclear automática, por ejemplo, convierte todo ataque en un suicidio y da plena credibilidad a la amenaza disuasoria según la cual si un avión del enemigo cruza determinado límite, el mecanismo activa automáticamente la destrucción del mundo sin que nadie pueda detenerlo.

Este terrible compromiso puede ser suavizado utilizando una variante que crea el riesgo, pero no la certeza, de que sucederá el desastre. Es lo que Schelling (1980) llama *funambulismo estratégico*: la técnica consiste en crear intencionadamente un riesgo que no se controla del todo, dejando que la situación se escape en cierto modo de nuestras manos, sólo porque este descontrol resulta intolerable a la otra parte y la obliga a ceder. El nombre que se da a ese tipo de técnica negocial sugiere su analogía con lo que hace el funámbulo, que es un acróbata que realiza ejercicios sobre la cuerda floja. Curiosamente, la segunda acepción que encontramos en el diccionario de la palabra *funámbulo* es: «Persona que sabe actuar con habilidad, especialmente en la vida social y política». Veamos un ejemplo fácil de reconocer y que ilustra con claridad la técnica a la que nos referimos.

18. Gayo Suetonio, escritor romano (c. 69-post 122), autor de *La vida de los Césares*.

Ejemplo:

Los empleados de una compañía aérea nacional al borde de la quiebra se ponen en huelga para forzar el rescate por parte del Estado. La huelga puede hundir definitivamente a la compañía y se pueden perder todos los puestos de trabajo, pero los sindicatos confían en que este riesgo inminente le resulte intolerable al Estado y le obligue a ceder.

- Moverse *paso a paso*, o trocear el compromiso global en tramos lo suficientemente pequeños para hacer creíble el compromiso de cumplir cada tramo.

Ejemplo:

Es lo que suele hacerse en las relaciones entre los contratistas de obras y sus clientes. El cliente puede temer que si el contratista cobra por anticipado, no termine la obra adecuadamente. El contratista puede temer que si termina la obra sin haberse asegurado el cobro, el cliente se retrase en el pago o no le pague. Esta mutua desconfianza, cuando hay mucho en juego, puede compensarse mediante el procedimiento de los pagos fraccionados por obra efectivamente realizada.

Este procedimiento (que es una combinación de cambio de estructura de recompensas y cambio de modelo de juego) desincentiva los incumplimientos de ambas partes. Ahora bien, como ocurre en la mayoría de los juegos que implican riesgo de explotación, conviene que no exista un último paso claramente delimitado. Mientras subsistan las expectativas de relación comercial (o de otro tipo), no merecerá la pena engañar.

3. El tercer principio es el de utilizar a otros para ayudar a mantener el compromiso.

Describiremos dos técnicas básicas muy simplificadas que admiten todo tipo de combinaciones y variantes:

• *Trabajo en equipo*: muchas personas son menos vulnerables a la tentación de ceder y resisten más que una sola o pueden ayudar, e incluso obligar, a cumplir el compromiso.

Este sistema sirve tanto para el éxito de determinadas terapias de desintoxicación o de superación de adicciones (e incluso de adelgazamiento) como para el mantenimiento de la famosa *política de la compañía*. También se basa en un cambio de las ganancias del juego, porque se desincentiva la ruptura del compromiso al resultar peor la sanción por incumplirlo que el esfuerzo de mantenerlo.

Ejemplo:

Dixit y Nalebuff recuerdan un dramático ejemplo de las ventajas del trabajo en equipo y del mantenimiento a ultranza de la política de la compañía: el ejército romano avanzaba en línea y quedarse rezagado era un delito castigado con la muerte. Ese castigo debía ser ejecutado por el soldado más próximo al sospechoso de deserción. Por si al soldado ejecutor le quedaba alguna duda de cuál era su deber, el hecho de no matar al rezagado era también un delito castigado con la muerte, de manera que el propio rezagado podía matar al soldado más próximo que no le mató a él y obtener de este modo el perdón de su propia falta, y así sucesivamente.

• *Agentes*: utilizar a terceros para negociar en nuestro nombre, limitados por un mandato que no pueden transgredir, o bien actuar como si uno negociara en nombre de otro, también limitado por un mandato.

La técnica puede utilizarse en varias direcciones. Adopta diversas modalidades:

a) Se da un mandato preciso al agente señalando el límite a partir del cual no puede ceder bajo ninguna circunstancia.

b) Es el agente quien afirma, estratégicamente, que sus mandantes no le autorizan a ceder cuando ello no es cierto o cuando está actuando en realidad en nombre propio (variante de los engaños).

c) El agente compromete su prestigio declarando en público, antes de empezar la negociación, la inflexibilidad de su postura (como suelen hacer de forma rutinaria los delegados sindicales antes de reunirse con la patronal, aunque se trata de un compromiso que no suele funcionar porque simultáneamente los delegados de la patronal han proclamado a su vez un compromiso incompatible).

d) El agente utiliza la técnica estratégica de la *ratificación*: consiste en crear una relación negocial en la que se supone que el agente no es libre de hacer concesiones por sí mismo, porque tiene que someterlas a la autorización de su mandante. Si la otra parte acepta este modelo, estará en clara desventaja, pues sólo ella podrá hacer concesiones efectivas para que la negociación avance. El agente siempre tendrá, después de las «consultas», la última palabra: «Buenas noticias, de acuerdo en todo, lo único de lo que no he podido convencer a la dirección general ha sido...», y aquí aparece una cuestión sustancial decidida en contra de los intereses de la otra parte.

El truco del agente está tan extendido (todas las compañías, bancos, aseguradoras, cadenas de supermercados, instituciones públicas, administraciones, inmobiliarias, etc., lo utilizan de forma estructural) que se hace necesario dar instrucciones específicas para contrarrestarlo.

Cuando uno comienza una negociación, debe aclarar cuáles son las facultades del otro negociador, si puede decidir autónomamente, si tiene algún mandato o si debe someterse a una ulterior ratificación. Hay que tener en mente que si sólo uno mismo es libre para hacer concesiones, sólo uno mismo las hará. Esta situación es equivalente a estar estratégicamente dominado y, por consiguiente, debe evitarse siempre.

Si sabemos que el otro no puede decidir autónomamente y que está sometido a una ulterior ratificación, debemos dejar muy claro desde el principio que nuestra cooperación para la construcción del acuerdo es condicional, es decir, que si la otra parte no ratifica luego íntegramente su parte en el trato, deberemos volver a empezar de cero, porque retiraremos todo lo que nosotros habíamos aportado o concedido.

De igual manera debemos actuar si al final del proceso descubrimos que el otro negociador, al que creíamos autónomo, está sometido a ratificación: retiramos todo lo dicho, salvo si recibimos una ratificación confirmatoria al cien por cien.

Las autorrestricciones son muchas veces pura y simple explotación y como tal hay que tratarlas. Una vez reconocidas, no ha de pasar mucho tiempo sin que uno dé a entender claramente que no va a dejarse llevar por ese camino. La tolerancia a la explotación —en este caso como en cualquier otro— es una política pésima porque lleva a que el explotado lo sea todavía más, mientras que una reacción rápida y asertiva desalienta al explotador y le hace cambiar de comportamiento.

Ahora bien, la defensa ante las autorrestricciones, cuando ya se han producido, es muy complicada. Si la otra parte se autorrestringe a su vez, el acuerdo será imposible. En alguna ocasión será posible neutralizarlas, dándole la vuelta a la situación, como hemos visto en el caso de los agentes, pero en realidad la única solución efectiva es anticiparlas y prevenirlas, fijando a tiempo una regla de respuesta que incluya represalias disuasorias.

Ejemplo:

Un alumno de posgrado, director general de una importante compañía, nos decía en clase que su pareja no era racional, que si él utilizara una técnica autorrestrictiva clásica como es comprar sin avisar las entradas de la obra de teatro que él prefería ver, su pareja, en lugar de resignarse, rompería las entradas en mil pedazos. Le hicimos comprender enseguida que su pareja, lejos de ser irracional, era un excelente estratega que había fijado anticipadamente una regla de respuesta disuasoria ante cualquier tentación de imponerle una elección mediante el truco del movimiento irreversible.

Si no es posible frustrar la autorrestricción en sí misma, se puede trasladar la defensa a la comunicación de la autorrestricción. No escuchar, no entender de verdad una autorrestricción, impedir su transmisión mediante un corte de las comunicaciones, incluso hacer como si no se hubiera oído o comprendido y continuar ignorándola, no tomarla en serio, literalmente, mostrarse lo bastante obstinado o irracional para no ser capaz de evaluar sus consecuencias, todas éstas son defensas muy eficaces que pueden desalentar las autorrestricciones amenazantes. También nosotros utilizamos peligrosamente esta defensa cuando cruzamos con decisión un paso cebra fingiendo no ver al coche que se aproxima por la izquierda y que pugna por comunicarnos la autorrestricción de su autonomía negociadora consistente en acelerar lo necesario para no poder frenar. Curiosamente, como señala también Schelling (1980), la ignorancia genuina puede ser ventajosa para un jugador si es reconocida y tomada en cuenta por el oponente.

Las amenazas negociales

Una amenaza negocial es una regla de respuesta a las jugadas de los otros. La estructura es simple: si no haces o dejas de hacer alguna cosa, mi jugada posterior será una suerte de castigo, algo que te dolerá a ti más que a mí. Las amenazas son también autorrestricciones porque nos fuerzan a ejecutar un acto que de hecho nos perjudica y que no realizaríamos si no nos hubiéramos comprometido a ello. Por ejemplo, la amenaza negocial más frecuente es la de «si no me dais lo que os pido, me levanto y me voy». Ahora bien, abandonar la negociación me perjudica también a mí. Tal vez cuando se han negado a satisfacer mis demandas máximas me convendría aceptar una oferta menor. ¿Por qué formulamos amenazas que no nos conviene cumplir? Porque esperamos obtener una ventaja estratégica con la mera formulación de la amenaza: si la amenaza funciona, no hará falta cumplirla.

Para entender mejor la estructura interna de la amenaza negocial, vamos a distinguir entre aquellas reglas de respuesta cuyo cumplimiento estará acorde con el interés de quien las formula (a las que llamaremos *avisos*) y aquellas cuyo cumplimiento no estará acorde con el interés de quien las formula (*amenazas estratégicas* propiamente dichas).

Los avisos son reglas de respuesta cuyo cumplimiento efectivo, una vez se haya producido la eventualidad que lo motive, estará a favor del interés de la parte que ha formulado la regla y que ha de llevar a cabo la acción de que se trate.

Ejemplo:

Anunciar a un proveedor que si no rebaja sus precios al nivel de los de la competencia, dejaremos de comprarle a él y compraremos a la competencia es un aviso. Si el proveedor no rebaja sus precios, nos interesará acudir a la competencia.

Negocionalmente, estas formulaciones no se consideran amenazas (aunque sí puedan merecer el calificativo de *amenaza* en el contexto del lenguaje común) porque no persiguen una alteración estratégica de la estructura de incentivos, simplemente recuerdan a la otra parte cuáles son tales incentivos. Por supuesto que esa información, sobre todo cuando la otra parte no la conocía o no la tenía en cuenta, puede servir a nuestros intereses negociales, porque puede inducir o disuadir la conducta del otro en según nos convenga. En ese sentido, el aviso desempeña un papel análogo al de la revelación de nuestro valor de reserva verdadero cuando pensamos que la otra parte lo está minusvalorando.

De hecho, si la configuración de incentivos y alternativas de una situación negocial determinada nos proporciona por sí sola una capacidad de respuesta suficiente, no necesitaremos recurrir a las amenazas estratégicas propiamente dichas y nos bastará con utilizar los avisos.

Sin embargo, muchas veces carecemos de esta capacidad de respuesta y en cierta medida tenemos que fabricarla artificialmente mediante una jugada estratégica que nos dote de la fuerza de inducción o disuasión que nos falta y que precisamos para obtener lo que queremos. Tal es la función de la amenaza estratégica.

Son propiamente amenazas estratégicas las reglas de respuesta que castigan a la otra parte si no hace o deja de hacer una determinada acción, pero cuyo cumplimiento efectivo no está acorde con el interés de quien las formula ni antes ni después de la eventualidad que se pretende disuadir o inducir.

En tales casos, las acciones que constituyen la respuesta no se llevarían a cabo si no estuvieran comprometidas. La razón es que, como ya hemos adelantado, quien cumple efectivamente una amenaza estratégica castiga al otro, pero también a sí mismo y, en realidad, actúa contra sus propios incentivos.

Ejemplo:

Anunciar al único proveedor posible de un determinado producto importado que si no rebaja sus precios cerraremos la línea de negocio de ese producto, aunque nos esté dando beneficios, y dejaremos de comprarle es una amenaza estratégica. En efecto, cumplir la amenaza castigará a la otra parte, pero también a nosotros. Una vez el único proveedor nos responda que no puede o no quiere rebajar sus precios, no estará a favor de nuestros intereses cerrar la línea de negocio correspondiente cuando tenemos la alternativa de seguir operando y recibiendo beneficios (aunque menores de los que obtendríamos si hubiéramos conseguido la rebaja).

La amenaza estratégica, si es creíble, al modificar la estructura de incentivos preexistente determina un cambio en las expectativas de los otros acerca de nuestras acciones futuras y nos suministra un poder de inducción o disuasión del que carecíamos antes de comprometernos con la regla de respuesta.

Antes de la formulación de la amenaza estratégica, el proveedor no tenía ninguna razón perentoria para rebajar el precio. En cambio, una vez formulada la amenaza —si la jugada está comprometida de manera creíble—, cambian las expectativas sobre los actos futuros del amenazador (recordemos una vez más que éste es el tipo de fenómeno que persiguen las jugadas estratégicas) porque se ha establecido una regla de respuesta que se aparta de los incentivos preexistentes y crea otros nuevos: ahora el proveedor sabe que si no rebaja el precio el cliente dejará de comprarle. Con la amenaza estratégica esperamos inducir a la rebaja.

La amenaza es una gran tentación. Como suele decirse, no es más que unas cuantas palabras y si funciona no hay que preocuparse por cumplirla. Las amenazas, sin embargo, aunque puedan resultar eficaces en un momento dado, a la larga suelen provocar contraamenazas y generar una espiral de conflicto que desvía la negociación de su centro de interés y puede llevar a la ruptura. Antes de amenazar, hay que examinar cuidadosamente el contexto y las reglas del juego y estar muy seguro de que se dan las condiciones para que la amenaza funcione.

En general funciona mejor la técnica de transmitir la misma información que constituye la amenaza pero sin la estructura de la amenaza, es decir, presentar la consecuencia punitiva como una especie de fatalidad ajena a la voluntad de quien la formula: en lugar de «o firmamos de una vez o doy toda la información a la prensa», es mejor «a los dos nos conviene ponernos de acuerdo rápidamente, de lo contrario, no sé cómo evitaré que se entere la prensa, que la tengo encima cada día».

Defenderse de las amenazas

Existen varias formas de defenderse de las amenazas. La más obvia, como señala Schelling (1980), puede ser la siguiente:

Realizar la acción que la otra parte pretende disuadir antes de que la amenaza sea formulada.

En tal caso no existirá incentivo ni compromiso para las represalias. Si no se puede precipitar la acción, quizá se pueda asumir un compromiso irreversible —también antes de que la amenaza sea formulada— para ejecutarla.

Ejemplos:

Los niños muy pequeños (que ya son grandes estrategas) saben cómo tirar la sopa al suelo antes de que sus padres los amenacen con algún serio castigo.

En 2004 el presidente del Gobierno de España dio por sorpresa la orden irrevocable de retirar las tropas españolas de Irak antes de que cualquier potencia pudiera amenazarlo de alguna manera para intentar disuadirle.

El mismo presidente del Gobierno, en su discurso de investidura, se comprometió irreversiblemente con la extensión del derecho a contraer matrimonio entre sí a las personas del mismo sexo, antes de que otro tipo de potencia tuviera tiempo de formular una amenaza apocalíptica.

También se puede prevenir el riesgo y cambiar la estructura de incentivos para repartirlo o neutralizarlo.

Ejemplo:

Un candidato a un puesto electivo que está en campaña electoral sabe que si en su juventud tuvo problemas con la bebida o con las drogas puede prevenir el riesgo de que otros candidatos lo amenacen con sacar a relucir la cuestión adelantándose a confesarlo todo él mismo y sacando partido electoral de esa confesión.

Si no es posible frustrar la amenaza en sí misma, se puede trasladar la defensa a la comunicación de la amenaza.

No escuchar, no entender genuinamente la amenaza, impedir su transmisión mediante un corte de las comunicaciones, incluso hacer como si no se hubiera oído o comprendido y continuar ignorándola, no tomarla en serio, literalmente, mostrarse lo bastante obstinado o irracional para no ser capaz de evaluar sus consecuencias, todas éstas son defensas muy eficaces que pueden desalentar al amenazador y que todos los niños aprenden intuitivamente en cuanto les pueden ser de alguna utilidad. También nosotros utilizamos peligrosamente esta defensa cuando cruzamos con decisión un paso cebra fingiendo no ver al coche que se aproxima por la izquierda y que pugna por comunicarnos la autorrestricción de su autonomía negociadora consistente en acelerar lo necesario para no poder frenar.

Curiosamente, *la ignorancia genuina puede ser una ventaja para un jugador si es reconocida y tomada en cuenta por el oponente.*

Algo para recordar

- Prevé las autorrestricciones posibles de tus oponentes y pon las reglas antes de que tengan tiempo de ejecutar un movimiento irreversible.
- Los movimientos autorrestrictivos, en la medida en que se puedan considerar desleales o abusivos, destruyen las relaciones interpersonales y afectivas.
- Recuerda que no saber hacer algo es una táctica autorrestrictiva.
- Administra los avisos y evita en lo posible las amenazas.
- Evita o dificulta la comunicación de las amenazas de los otros.

11

El poder negocial reside en las alternativas

David y Goliat (acuerdos de paz de París, 1973)

¿Quién tiene mayor poder en una negociación? La respuesta es simple: tiene más poder el negociador que puede levantarse de la mesa *sin acuerdo*, con un *coste relativo menor* que el que debería pagar su adversario. Tiene más poder el que puede pronunciar, de manera creíble, esa predicción de tono ciertamente desagradable que ya conocemos: *esto te dolerá más a ti que a mí.*

¿Y de qué dependen los costes que el desacuerdo ocasiona a cada uno de los negociadores? Dependen de cuáles sean nuestras alternativas. Si tenemos alternativas atractivas, el coste de romper una negociación es menor que si no disponemos de otras opciones a la vista. Como es obvio, quien tenga peores alternativas estará más dispuesto a hacer concesiones para lograr el acuerdo. En consecuencia, la parte que está en mejor situación porque sus opciones son relativamente más valiosas tenderá a subir el precio y a exigir nuevas concesiones a cambio del acuerdo.

En definitiva, cuanto mejor sea lo que el negociador pueda hacer por su cuenta, más poder negocial tendrá.

El poder negocial, entendido como la capacidad de afectar el resultado de una negociación de la manera más favorable para uno mismo, no siempre coincide con el poder en términos generales.

Intuitivamente asociamos la idea de poder negocial a la idea de poder económico, político, jurídico, a grupos de presión, al simple control de facto de una situación por la fuerza, incluso de manera ilegal, y también a la inteligencia, a la superioridad informativa, a la experiencia, a las habilidades psicológicas y a la manipulación engañosa. Sin embargo, países, instituciones y personas muy poderosos en tales términos generales pueden no tener poder negocial en una situación particular.

En los acuerdos de paz de París (1973), por ejemplo, que pusieron fin a la guerra de Vietnam, el país más poderoso de la Tierra estaba atrapado por la necesidad absoluta de terminar de una vez con el conflicto armado y evitar nuevas bajas en sus propias filas. La situación sobre el terreno era mala, pero era peor todavía la desautorización de la guerra por parte de la opinión pacifista mayoritaria. En cambio, la tenacidad y la resiliencia del llamado Vietcong —originadas paradójicamente en su fragilidad— conferían a la parte vietnamita una mayor capacidad de soportar el desacuerdo. El Vietcong estaba dispuesto a consumir sin acuerdo el tiempo que hiciera falta, y de hecho, según Raiffa,[19] suscribió un contrato de alquiler por varios años para alojar a su delegación. La mera posibilidad de un estancamiento indefinido de las conversaciones horrorizaba a la parte estadounidense. Así las cosas, el resultado cayó por su propio peso: Estados Unidos cedió en casi en todo y se retiró.

David venció a Goliat, en este caso, no porque le lanzara piedras sino porque le hizo saber que estaba dispuesto a mantenerse en desacuerdo indefinidamente.

BATNA y valor de reserva

Cuando vamos a entrar en una negociación nos asaltan muchas dudas: ¿por dónde irán los tiros?, ¿qué me dirán?, ¿qué mc ofrecerán?,

19. RAIFFA, H., *The Art and Science of Negotiation*, The Belknap Press of Harvard University Press, Cambridge (Mass.), 1982. [Hay trad. cast.: *El arte y la ciencia de la negociación*, Fondo de Cultura Económica, México D. F., 1991.]

¿qué pretenderán?, ¿qué esperan que yo pida?, ¿qué voy a responder?, ¿qué diré yo si he de tomar la iniciativa?, ¿cómo reaccionarán?, ¿a partir de qué punto aceptaré el acuerdo?, ¿por debajo de qué límite lo rechazaré?, ¿cuál ha de ser mi actitud general: complaciente, exigente, distante...?

A medida que se producen los primeros contactos nos vamos situando mentalmente en un marco, en un espacio negocial que tiene unas coordenadas un poco más definidas. Anclados por esas referencias, sobre la marcha, hacemos estimaciones y ajustes, y las actitudes y posiciones de cada cual se van fijando hasta que se concretan los términos de la discusión y se llega o no se llega a un acuerdo. Pero muchas veces, tras un acuerdo cualquiera obtenido en un proceso de esas características, nos queda una vaga sensación de inquietud: ¿por qué este acuerdo?, ¿podría haber sido diferente el resultado si yo hubiera actuado de otra forma?, ¿por qué no dije esto o aquello o por qué no rechacé esa propuesta y no impuse esa otra?, ¿lo he hecho bien?, ¿lo he hecho mal? Tampoco sabemos responder con seguridad a esas preguntas. En ocasiones, tiempo después, nos llega una información inesperada que nos revela que lo hicimos bastante mal, que los otros se temían de nosotros una actitud totalmente distinta, que estaban dispuestos a ceder mucho más. O que lo hicimos bastante bien, casi por casualidad, pero que quizá había otra solución aún mejor y estuvimos desperdiciando esfuerzos en una dirección que no nos convenía.

¿Dónde está el problema? El problema reside en que la mayoría de las veces entramos en las negociaciones a ciegas, sin conocer los datos más relevantes de la estructura negocial del caso y, por tanto, sin saber cuál es nuestra posición relativa en esa estructura ni hasta dónde llega nuestro poder de negociación.

Solemos aceptar esta oscuridad como algo que de alguna forma es inherente a las negociaciones y que no tiene solución. Sin embargo, podríamos cambiar esta tendencia si dedicáramos un poco de esfuerzo a reunir ciertas informaciones básicas, algunas de las cuales dependen únicamente de nosotros. Para empezar, si uno quiere saber dónde está, la primera pregunta que debe intentar responder es la siguiente: ¿qué es lo mejor que podría hacer yo por mi cuenta si no nos ponemos de acuerdo?

La respuesta que demos a esa pregunta nos proporcionará una de las referencias básicas de toda situación negocial, a saber: cuál es mi mejor alternativa en caso de desacuerdo, o, lo que es lo mismo, cuál es mi BATNA (siglas en inglés de *mejor alternativa a un acuerdo negocial*).

Por ejemplo, si no vendo esta casa por el precio que pido, ¿qué puedo hacer? Vivir en ella, alquilarla a largo plazo, alquilarla por días a turistas, alquilarla con opción a compra o esperar mejores tiempos, y en tal caso, ¿tengo otras posibilidades de financiación para el período que tarde en venderla por el precio que yo quiero?

¿Qué haré si rechazo ese trabajo? ¿O si no llego a un acuerdo sobre las condiciones de un divorcio? ¿Cuál es el punto por debajo del cual cualquier acuerdo es antieconómico? ¿Hasta dónde debo ceder sabiendo que aun así estoy ganando? ¿Cuáles son las probabilidades de encontrar un trabajo equivalente en un período de tiempo determinado, qué otras formas tendría de organizarme? ¿Cómo valoro la posibilidad de cambiar mi manera de vivir, de volver a la universidad, de hacer un doctorado, de abrir un pequeño negocio? ¿Qué probabilidades tengo, en una estimación realista, de que los tribunales me den la razón en cada uno de los aspectos del divorcio? ¿Cuánto tiempo tardará el pleito, cuánto me cobrarán, qué coste representará en preocupaciones e incertidumbres, qué impacto tendrá en las relaciones con los hijos?

De todas esas opciones —y de las muchas más que se nos ocurrirían si nos pusiéramos a pensar en ello— la que se presente como más factible, práctica y atractiva es el BATNA.

Una vez identificado el BATNA podemos asignarle, aunque sea tentativamente, un valor. Ese valor puede ser medido en dinero, cuando comparamos magnitudes monetarias, o puede medirse en utilidad (recordemos que la utilidad es subjetiva y que consiste en el grado de satisfacción que nos proporciona un recurso). La utilidad estimada que asignamos al BATNA es nuestro *valor de reserva*. El valor de reserva será el punto de indiferencia entre el acuerdo y el desacuerdo. Por definición, en una negociación aspiramos a obtener algo que valoramos más que nuestro valor de reserva, es decir, algo que preferimos a aquello que podríamos conseguir por nuestra cuenta, sin necesidad de negociar. Podemos conseguir o no nuestro objetivo, pero en cualquier caso nunca deberíamos aceptar algo que para nosotros valga menos que nuestro valor de reserva.

¿Y por qué es tan importante conocer nuestro valor de reserva si de lo que se trata precisamente es de negociar y no de acudir a otras posibilidades?

El valor de reserva es importante porque nos da una medida, un patrón de comparación. Entrar en una negociación sin tener una idea de cuál es nuestro valor de reserva equivale a negociar a ciegas. Corremos el riesgo de aceptar acuerdos que deberíamos rechazar (porque son peores que lo que nosotros podríamos obtener por nuestra cuenta) o de rechazar acuerdos que deberíamos aceptar (porque son mejores que nuestras alternativas).

Además, nuestro valor de reserva es importante sobre todo porque nos da la medida de nuestro poder. El valor de reserva que tengamos determinará nuestro comportamiento en el proceso negocial y en gran medida también el resultado de ese proceso. Para comprobar cómo el valor de reserva de cada negociador es la medida más objetiva y fiable (tanto analítica como psicológicamente) de su poder negocial veamos el siguiente ejemplo, que a todos nos resultará familiar.

Un recién licenciado busca su primer trabajo. Ha pasado por muchas entrevistas y por fin en una de ellas le dicen lo siguiente: «Su perfil es el adecuado para el puesto, creemos que está usted motivado para ese trabajo; por nuestra parte, si usted está de acuerdo con el sueldo, podemos contratarle. El sueldo previsto es de 1.200 €». ¿Qué responderá el recién licenciado a esta oferta, la única que tiene?

Ahora modifiquemos ligeramente el ejemplo. El recién licenciado tiene un expediente académico muy bueno. Su universidad le ha ofrecido una beca para hacer una tesis doctoral con estancias en el extranjero, y además ha recibido una oferta en firme de una firma multinacional de auditorías que le pagaría 1.600 € para empezar. Llega a la misma entrevista de trabajo de la primera parte del ejemplo. Le dicen: «El sueldo es de 1.200 €». ¿Qué responderá esta vez el joven licenciado?

La diferencia entre una situación y otra nos da la medida del poder negocial. Si estamos de acuerdo en que lo más probable es que en la primera situación el recién licenciado acepte el empleo y el sueldo sin protestar y en la segunda lo rechace sin dudarlo salvo que le mejoren sustancialmente las condiciones económicas, habremos entendido cuál es el papel del valor de reserva en la estructura negocial.

La diferencia entre el valor que asignamos al acuerdo posible y el valor que atribuimos a nuestra mejor alternativa nos da la medida de lo que nos costaría abandonar la negociación. Cuanto menor sea esta diferencia mayor es nuestro poder.

La zona de posible acuerdo

Como es natural, el otro negociador también tiene un BATNA, tiene algo que puede hacer por su cuenta en caso de no ponerse de acuerdo con nosotros.

Por consiguiente el poder negocial de uno o del otro negociador no puede crecer hasta el infinito, llegará como máximo al punto de indiferencia entre el acuerdo y el desacuerdo del otro negociador. En efecto, el otro no debería aceptar ningún acuerdo de menor valor que su propio valor de reserva. Recordémoslo una vez más: negociamos para obtener mediante un acuerdo algo mejor de lo que podríamos obtener unilateralmente.

La distancia que media entre el valor de reserva de uno y el valor de reserva del otro determina un espacio negocial dentro del cual cualquier acuerdo es, en principio, posible. Ese espacio tiene un nombre que se explica por sí solo: zona de posible acuerdo.

Si no existe zona de posible acuerdo, es decir, si lo que alguno de los negociadores (o cada uno de ellos) puede hacer por su cuenta le suministra más utilidad que cualquiera de las posibilidades que rebasen el valor de reserva del otro, no existe estructura negocial (salvo que se cambien los términos o el marco negociales) y, por tanto, no hay espacio para la negociación ni para el acuerdo.

En consecuencia, la segunda pregunta importante que uno ha de intentar responderse al entrar en una negociación es correlativa a la primera que uno se formulaba para evaluar el propio valor de reserva.

La pregunta es la siguiente: ¿qué es lo mejor que el otro negociador podría hacer por su cuenta si no nos ponemos de acuerdo?

Conocer el valor de reserva del otro nos suministra información acerca de una variable fundamental, a saber: hasta dónde, aproximadamente, estaría dispuesto a ceder el otro.

En los casos fáciles se puede conocer casi con exactitud cuál puede ser el valor de reserva del otro. Por ejemplo, si estamos negociando la compra de un coche usado, de un terreno o de una casa en la costa, nos basta con algo tan simple como ir por nuestra cuenta a agencias de compraventa diciendo que queremos vender, en lugar de comprar, un coche o un terreno o una casa de las mismas características. La respuesta que nos den será más o menos la misma que antes habrá recibido quien ahora nos está vendiendo a nosotros. Sabremos cuál es su mejor alternativa si no se pone de acuerdo con nosotros, y esto nos dará una idea de cuáles son sus expectativas y aspiraciones. En los casos más complejos o más oscuros —por falta de mercado con información transparente—, necesitaremos hacer y hacernos más preguntas, en la misma línea de las que nos hacíamos a nosotros mismos para concretar nuestro propio valor de reserva.

Si el poder reside en el valor de reserva, tendremos que entrenarnos para desarrollar habilidades con las que podamos mejorarlo, o, al menos, no empeorarlo nosotros mismos.

Gestionar el valor de reserva

Es típica la situación de quien busca durante mucho tiempo una casa o un apartamento para comprar y al final da con la que, sin ninguna duda, es «la casa de su vida». En esa situación, o en otras muchas análogas que podemos imaginar, «enloquecemos» por una sola opción. Movidos por el entusiasmo, intentamos torpemente obtener una rebaja del vendedor. Desde luego, no hay libro de negociación capaz de proporcionar una fórmula para obtener rebajas en esas condiciones.

Como dicen con mucha gracia Bazerman y Neale[20] (1992), si estamos enamorados de una sola casa ya hemos cometido el error fundamental del comprador de casas, y por supuesto no conseguiremos ninguna rebaja. *Lo mejor es enamorarse por lo menos de tres* (nos referimos a casas, pero que cada cual saque sus conclusiones). Es decir, no nos constituyamos a nosotros mismos prisioneros de una sola opción porque si carecemos de alternativas carecemos también de poder negocial.

Por otra parte, tengamos también en cuenta que las alternativas no suelen progresar por sí solas. Aunque está bien identificarlas y evaluarlas, lo más eficaz de todo es trabajar para mejorarlas efectivamente.

A veces parece que no hay ninguna alternativa, ni mejor ni peor. Es el caso, de nuevo, de la primera o única entrevista de trabajo del recién licenciado. Sin embargo, pensándolo bien, sí existen alternativas, aunque de difícil evaluación; por ejemplo: las probabilidades de ser contratado por otra empresa o institución al cabo de cierto tiempo, hacer otros planes de vida en otros lugares, conseguir una beca y seguir estudiando. Pero también, desde el punto de vista de las alternativas del otro, hay elementos significativos que conviene considerar: nuestras propias cualidades, nuestra preparación, los idiomas que hablamos, la experiencia en trabajos no retribuidos al servicio de una ONG, nuestra actitud; todo eso empeora el valor de reserva de la parte que nos está entrevistando, en la medida en que le hace más difícil y costoso encontrar a otro candidato con ese nivel.

Cuando nos parece que lo único que podemos hacer es quedarnos como estábamos, necesitamos pensar creativamente. Primero dedicarnos a imaginar posibilidades, en términos generales. Después, centrarnos en una selección reducida de alternativas, que podamos concretar y dotar de alguna viabilidad práctica. Ensayarlas, darles forma, probarlas de manera efectiva, mejorarlas sobre el terreno. No detenernos en una sola alternativa. Utilizar las nuevas tecnologías de la información y la comunicación. Cuanta más información tengamos,

20. BAZERMAN, M. H., NEALE, M. A., *Negotiating Rationally*, The Free Press, Nueva York, 1992. [Hay trad. cast.: *Negociación racional, en un mundo irracional*, Paidós, Barcelona, 1993.]

más posibilidades aparecerán a nuestro alcance. Explotar nuestras variadas capacidades, estimular nuestra imaginación.

Ejemplo:

Una señora elegante que ha llevado una intensa vida social ha decidido cambiar de casa. A su edad, ya le resulta imposible mantener abierto el inmenso dúplex en el que vive sola con una única persona a su servicio. Se va a instalar en un pequeño apartamento soleado, cómodo y moderno, pero con poco espacio para los armarios. Antes de la mudanza vende muchas cosas que no podrá llevarse. Como ha vivido en la época dorada de la alta costura, conserva en perfecto estado seis vestidos de noche de Balenciaga, de la década de los cincuenta, para los que busca comprador. Nadie parece interesado por ellos y sólo recibe una oferta de una amiga que tiene una tienda de antigüedades y ropa usada de calidad. La amiga está dispuesta a pagar 3.000 € por toda la colección (de hecho, la anticuaria sabe que en las subastas de París los trajes de noche de Balenciaga se venden como mínimo a 6.000 € por pieza). No está mal, piensa la señora elegante, sobre todo porque es o esto o nada. Antes de aceptar, sin embargo, indaga en el mercado de la ropa usada y llama a varios mayoristas, que le ofrecen alrededor de 100 € por vestido. No hay más ofertas, ni más mercado en la ciudad, ni más tiempo. Habría que aceptar lo único que hay, pero, tras reflexionar sobre la cuestión, la señora elegante hace una llamada telefónica al museo del vestido. En pocas horas tiene en su casa al conservador. Estarían encantados de aceptar la donación de la colección completa y además, como se trata de obras maestras, la valorarían de forma que la consiguiente deducción fiscal en la próxima declaración de impuestos de la señora representaría una rebaja de 8.000 € de la cuota que debería pagar. Ahora la señora elegante tiene un BATNA evaluable, un valor de reserva reconocible. La primera oferta de la amiga compradora ha quedado fuera de la zona de posible acuerdo. Tras una breve renegociación, se fija el nuevo precio en 8.500 € (un poco más que el importe de la deducción fiscal porque el museo —aduce la señora elegante— iba a poner una placa dorada con su nombre).

Ejemplo:

Para aplazar los pagos de ciertos impuestos que pueden ser muy elevados y concentrados en el tiempo —como los de una sucesión con bienes inmuebles, por ejemplo— se necesita en principio un aval bancario que garantice nuestras obligaciones de pago frente a la administración. Las condiciones que el banco nos exige para el aval son bastante duras, y las contragarantías, excesivas, pero se acerca la fecha límite para presentarlo a la administración fiscal y no podemos hacer otra cosa que aceptarlas. O quizá sí, cuando tras informarnos exhaustivamente descubrimos que otro medio de garantizar los pagos de los impuestos pueden ser los propios inmuebles de la sucesión. No es que sea una alternativa muy buena porque resulta poco práctica, pero tiene una virtud estratégica significativa: el banco, al saber que podemos prescindir de su intervención, rebaja al instante sus exigencias («Ésos de la central siempre nos crean problemas, no te preocupes que yo te lo arreglo», proclama ahora el director de la sucursal cuando le decimos que vamos a prescindir del aval porque tenemos otra posibilidad). ¿Qué es lo que ha cambiado? Nuestro valor de reserva y por tanto, una vez más, nuestro poder negocial.

Por la misma razón por la que no hay que enamorarse de una sola casa, hemos de evitar vernos prisioneros de estructuras que reduzcan innecesariamente nuestras alternativas.

Ejemplo:

Si nos hemos lanzado a comprar una nueva casa confiando en pagar gran parte de su precio con el dinero que obtengamos de la venta de nuestra casa actual, estaremos atrapados en una situación temible y acabaremos vendiendo la casa a un precio demasiado bajo. Es mejor hacerlo al revés: vender la casa con calma y sin bajar el precio y una vez tenemos asegurada o concluida la operación comprarnos la nueva, aunque debamos pasar un tiempo en un apartamento alquilado. O bien obtener un crédito puente y calcular cuál es nuestro margen de maniobra sin ponernos nerviosos.

El valor de reserva, precisamente por su función estratégica en el comportamiento negocial, suele ser un secreto sujeto a filtraciones manipuladas. Todos los analistas están de acuerdo en que no hemos de revelar nuestro valor de reserva, salvo que lo único que deseemos sea recibir un valor idéntico en la negociación actual. También están de acuerdo en que es una mala táctica mentir sobre el valor de reserva: por una parte, mentir sobrevalorando el BATNA reduce peligrosamente la zona de posible acuerdo, y eso puede hacernos perder un resultado que nos habría interesado y que ahora no podremos aceptar; por otra parte, si la mentira se descubre nuestra credibilidad y nuestra reputación quedarán seriamente afectadas.

Ahora bien, la regla de no revelar el propio valor de reserva y no mentir sobre el mismo no agota la cuestión. Una habilidad negocial productiva es la de detectar precisamente cuáles son las percepciones de la otra parte sobre nuestro propio valor de reserva.

A veces (pocas, por desgracia) descubrimos que la otra parte juzga nuestro valor de reserva como más alto de lo que es en realidad: «Como estás tan ocupado no sabemos si tendrías un hueco en mayo para dar un curso en nuestra institución, pero nos gustaría mucho que lo hicieras, te podemos ofrecer unas condiciones bastante buenas, a ver qué te parece...».

Por supuesto que por vacío que esté nuestro mes de mayo hemos de esperar en silencio a que formulen la oferta. Si la otra parte sobreestima nuestro valor de reserva, y aun así está negociando con nosotros, hemos de abstenernos de sacarla de su error, porque esa percepción del otro favorece nuestra superioridad estratégica.

Otras veces, en cambio, la otra parte subestima nuestro valor de reserva. Esa percepción le confiere unas expectativas de superioridad que nos perjudican estratégicamente. En este caso, debemos sacarla cuanto antes de su error mostrándole de manera directa o indirecta que nuestro valor de reserva es de una calidad superior a la que se imagina.

Del mismo modo, la otra parte puede tener una estimación exagerada de su propio valor de reserva y nuestro trabajo negocial pasará entonces por resituar sus percepciones y hacerle comprender, de manera objetiva y neutral, que sus expectativas en caso de desacuerdo no son tan buenas como cree. Esta actividad pedagógica no debe ser agresiva ni humillante, porque se confundiría con un truco negocial y en tal caso carecería de efecto. Es mejor valerse sutilmente de informaciones independientes que se hagan llegar a la otra parte por medios que refuercen su credibilidad.

En cambio, si la otra parte, especialmente en las negociaciones aisladas y de una sola vez, está subestimando su propio valor de reserva debemos evitar sacarla de su error.

Las fuentes de poder

Si bien todos los analistas están de acuerdo en que la principal fuente de poder negocial reside en el valor de reserva, identifican otras fuentes (muchas de ellas relacionadas, directa o indirectamente, con el valor de reserva) como la información, el nivel de aspiraciones, la posibilidad de hacer la primera oferta, la paciencia, el estatus y las conexiones sociales.

a) *Información*

Es una regla de experiencia generalmente admitida que quien está mejor informado suele encontrarse en mejor situación para adoptar decisiones adecuadas a la consecución de sus intereses que quien se halla tras el velo de la ignorancia. De hecho, la buena información es necesaria incluso en un momento anterior: el de saber cuáles son mis intereses y mis objetivos. Esa regla de experiencia también es válida para la consecución de objetivos negociales: quien puede dibujarse mentalmente un *bargaining set* completo de su situación negocial está mucho mejor de entrada, como es obvio, que quien inicia a ciegas el proceso. Sin ninguna duda, la búsqueda de información sobre todos los aspectos relevantes del conjunto negocial forma parte del trabajo del negociador. El acceso a internet facilita enormemente ese trabajo, pues pone a nuestra disposición recursos muy eficaces para hallar la información que precisamos.

Ejemplo:

Nadie debería negociar su hipoteca con el banco sin haber consultado la web que compara las condiciones de los préstamos hipotecarios de todas las entidades financieras que operan en la plaza o en internet (y, además, debería acudir a la negociación con la hoja impresa y tenerla a la vista de su interlocutor).

b) *Capacidad de formular la primera oferta (anclaje)*

Mediante la primera oferta, como ya sabemos, uno puede fijar el punto de partida de la negociación en una zona ventajosa. Pero ello requiere, de nuevo, estar muy bien informado, y, singularmente, estar mejor informado que el adversario. Nos remitimos a lo que ya hemos expuesto al tratar la cuestión en el capítulo dedicado al anclaje y a otras trampas decisionales.

c) *Paciencia*

En un proceso negocial, quien tiene paciencia se halla en mejor posición que quien tiene prisa, porque al ser menores sus costes temporales (el mantenimiento del status quo le resulta menos costoso a él que a su adversario) está menos dispuesto a hacer concesiones. Por el contrario, quien tiene prisa se encuentra en situación de debilidad, ya que está más dispuesto a hacer concesiones a cambio de adquirir rapidez. Ahora bien, en muchos casos la prisa y la paciencia dependen de variables sobre las que podemos intervenir; y saber cambiar lo que sea necesario para no tener prisa es una habilidad negocial fundamental.

Ejemplo:

Es sabido que en las negociaciones sobre la indemnización que han de recibir los propietarios de inmuebles expropiados acaba obteniendo más dinero quien más resiste sin acuerdo. El propietario del último trozo de terreno o del último edificio gana poder negocial porque la administración empieza a tener prisa. Sin embargo, mientras tanto la administración descubre la forma de cambiar las tornas y empieza a ordenar demoliciones y explosiones que convierten la vida en ese lugar en un infierno.

d) *Estatus*

Se suele distinguir entre las características del estatus primario (o legítimo) y las del estatus secundario (o pseudoestatus).

Confieren estatus primario las propiedades o características de la autoridad legítima en algún aspecto: jerarquía, competencia, responsabilidad, prestigio, representatividad, pertenencia a organizaciones, nivel educativo. La presencia de ese tipo de estatus puede afectar en gran medida al comportamiento de los negociadores. Las personas a las que se reconoce estatus primario hablan más, son más escuchadas y controlan la situación en mayor proporción que el resto de los asistentes.

El estatus secundario se basa en propiedades o características que, pese a carecer de autoridad legítima para conferir estatus, ejercen una influencia en el comportamiento de los negociadores por razones básicamente psicológicas y de estereotipos sociales: por ejemplo, el género, la edad, la procedencia étnica y a veces también la clase social, la forma de vestir o el atractivo físico. Los favorecidos por las características del estatus secundario (los hombres en relación con las mujeres, los seniors en relación con los juniors, ciertas etnias en relación con otras, etc.) se benefician de una consideración análoga, aunque infundada, a la que suscita el estatus primario.

Los estereotipos negativos no afectan únicamente al punto de vista externo que un grupo social adopta sobre la persona víctima del prejuicio. Es conocido el fenómeno —mencionado al principio de este libro— que afecta a personas que son víctimas de algún estereotipo desvalorizador: cuando toman conciencia de estar realizando alguna actividad que confirme el estereotipo en cuestión, tienden inconscientemente a autocumplirlo.

e) *Conexiones sociales*

Las conexiones sociales confieren poder porque suministran información, facilitan la identificación de oportunidades y alternativas, proporcionan medios para cambiar de marco o de contexto, ayudan a eliminar obstáculos y hacen más sencilla la organización y la coordinación de los procesos.

Algo para recordar:

- Investiga tu BATNA y el BATNA de la otra parte.
- Incrementa tus alternativas, haz listas, genera opciones, amplía el marco.
- Piensa en si tienes alguna forma de empeorar el BATNA de la otra parte.
- Escapa de la prisa mediante soluciones transitorias.
- Evita autocumplir estereotipos desvalorizadores.

Apéndice: el bargaining set o conjunto negocial

Denominamos *bargaining set* al conjunto de las magnitudes relevantes de una estructura negocial.

Veamos un ejemplo:

Un estudiante de una universidad está terminando sus estudios. Hace un año compró por 2.000 € un viejo Ford Fiesta que ahora quiere vender. Ha pensado poner un anuncio en la misma universidad para venderlo por su cuenta sin tener que pasar por una casa de compraventa de coches usados. Querría obtener por el coche la misma cantidad por la que lo compró. Las guías de ventas de segunda mano le dan a su vehículo un valor medio de 1.500 €. Antes de poner el anuncio, para completar su información, pasa por una casa de compraventa. Le ofrecen como máximo 1.000 €. También se le ocurre acudir a otra casa de compraventa diciendo que querría comprar un coche de esa misma marca y año de matriculación. Le piden 2.200 €. Ya tiene la información completa. Si el comprador tiene la misma información, la zona de posible acuerdo es la comprendida entre 1.000 y 2.200 €. Pero si el comprador no tiene la misma información (y, por ejemplo, conoce únicamente las guías de precios medios y lo que le costaría el coche en una casa de compraventa) es probable que el acuerdo se sitúe entre 1.500 y 2.200 €.

La representación gráfica del ejemplo sería la siguiente:

Bargaining set lineal

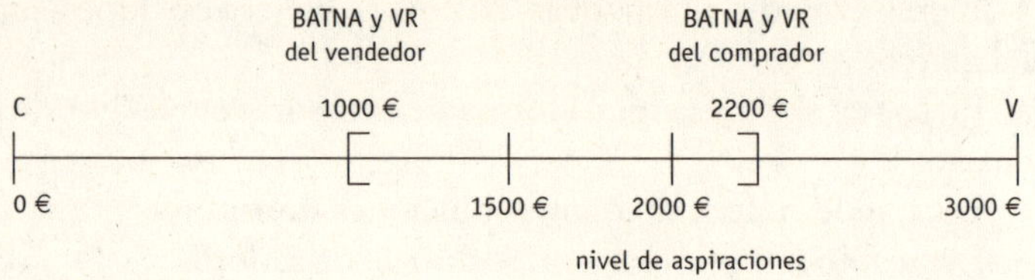

BATNA y VR del vendedor

BATNA y VR del comprador

C 1000 € 2200 € V

0 € 1500 € 2000 € 3000 €

nivel de aspiraciones

La suma de 1.000 € (precio que pagaría por el coche una casa de compraventa) es el *valor de reserva del vendedor*. La suma de 2.200 € (precio por el que la casa de compraventa vende un coche equivalente) es el *valor de reserva del comprador*. El espacio comprendido entre los respectivos valores de reserva (en este caso entre 1.000 y 2.200 €) recibe el nombre de *zona de posible acuerdo* porque cualquier resultado que esté situado en ese espacio es más valorado por los negociadores que sus respectivas alternativas.

El gráfico anterior, basado en un segmento, es útil para representar ejemplos de negociación distributiva o de reparto, en los que se considera una única dimensión (en este caso, dinero) cuyas variables se pueden medir y comparar de manera homogénea. Sin embargo, en muchas negociaciones intervienen más de un ingrediente y sus agentes respectivos barajan diferentes combinaciones, compensaciones o intercambios que configuran distintos paquetes negociales, o bien se producen entre alternativas que no se pueden medir de manera homogénea. En tales supuestos, para poder analizar la situación habrá que remitirse de nuevo a la noción de utilidad.

Para representar estas situaciones complejas, el *bargaining set* lineal deja de ser útil y hay que valerse de ejes de coordenadas que puedan representar las utilidades respectivas. Recordemos que la ciencia económica supone que los consumidores asignan su tiempo y sus recursos con la finalidad de maximizar su función de utilidad.

Bargaining set coordenadas

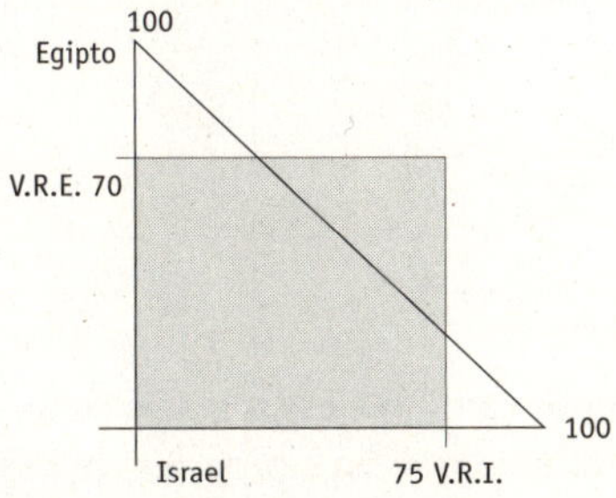

En el ejemplo precedente (que ilustra una fase inicial del proceso negociador de Camp David), uno de los ejes (la *ordenada*) expresa la utilidad de Egipto y el otro (la *abcisa*), la de Israel. Los respectivos valores de reserva de cada negociador marcan sus respectivos puntos de indiferencia entre el acuerdo y el desacuerdo; es decir, si no obtienen en la negociación mayor utilidad que la que les proporciona su respectivo valor de reserva, cada uno de los dos países preferirá acudir a su respectivo valor de reserva (en este ejemplo: mantener la confrontación militar). Gráficamente, Egipto no aceptará ningún acuerdo situado *al sur* de la línea de proyección de su valor de reserva e Israel no aceptará ningún acuerdo que se sitúe *al este* de su propia línea. Los acuerdos cuya utilidad excedería los respectivos valores de reserva, por tanto, se situarían a partir de la intersección *nordeste* entre ambas líneas. Puesto que tal intersección se sitúa en nuestro ejemplo más allá de la frontera de acuerdos posibles no existe zona de posible acuerdo.

Sin embargo, como sabemos desde el capítulo 1, en Camp David se alcanzó un acuerdo cuya utilidad para cada negociador superaba los valores de reserva respectivos. En términos gráficos, se dice que los negociadores y el mediador consiguieron empujar la frontera de acuerdos posibles hacia el nordeste, tal como vemos representado a continuación.

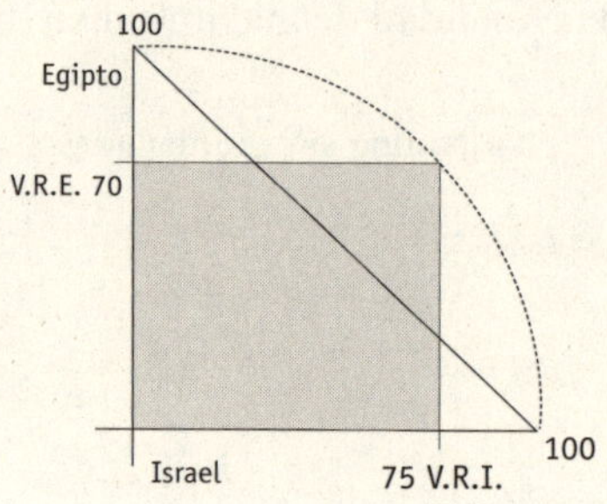

Las negociaciones que no tienen por objeto variables cuantitativas que pueden expresarse en unidades de medida homogéneas (dinero, tiempo, cantidad, etc.) requieren del talento analítico y creativo de los negociadores. La comparación entre las diferentes opciones es más difícil.

Ejemplo:

¿Cuánto estarían dispuestos el padre o la madre a ceder respecto a la hora de vuelta a casa del hijo adolescente a cambio de ciertos compromisos relacionados con la bebida, el tipo de transporte utilizado y el hecho de estar localizable por medio del teléfono móvil que les proporcionarán algún tipo de certeza y seguridad? El conjunto de elementos de ese acuerdo, ¿los dejan en mejor o peor situación que una decisión prohibitiva autoritaria? ¿Cuánto dinero estoy dispuesto a sacrificar de mi salario a cambio de un tipo de trabajo más relajado y creativo, menos invasivo y que me permita llevar adelante mis planes de vida? Teniendo en cuenta mis valores personales y cómo quiero vivir, ¿qué prefiero, el trabajo en la multinacional con sus condiciones y perspectivas o la propuesta de la universidad con las suyas? ¿Cuánto estoy dispuesto a pagar de más o cobrar de menos ahora a cambio de certeza o de seguridad o de inmediatez? ¿Cómo valoro en dinero el hecho de residir o no en un lugar determinado?

12

Si te entrenas es muy fácil

De la misma manera que nadie aprende a pilotar un avión solamente leyendo un manual de vuelo, nadie aprende tampoco a desarrollar habilidades de negociador solamente leyendo este libro.

Hay que entrenarse. Y si uno se entrena es muy fácil. Para empezar, basta con identificar en la realidad, en nuestra vida de todos los días, las situaciones y movimientos que hemos descrito. Sólo con reconocerlos ya estamos mejor que antes. A continuación hay que intentar gestionarlos. Poco a poco, un día y otro día. En muy poco tiempo veremos los resultados.

La negociación es un proceso interactivo y abierto. El análisis de la situación y la evaluación de la mejor estrategia no se hace en una sola vez. La negociación estratégica se reelabora de manera continua sobre el terreno. Para gestionarla con eficacia necesitamos *aprender negociando*, es decir, incorporar a nuestro análisis los flujos de información internos y externos que se producen durante el proceso.

Para ayudar al negociador que inicia una negociación —o que ya está en ella— a analizar de forma racional su situación, enunciamos a continuación unas cuantas preguntas, agrupadas por categorías básicas, que uno puede formularse ante una situación negocial específica. Seguramente no será necesario que nos las planteemos todas cada vez, pero siempre habrá algunas que serán pertinentes en cada negociación concreta. Las respuestas que les demos nos dirán, en primer lugar, dónde estamos —lo cual es mucho—, y quizá también nos muestren el camino que debemos seguir.

Guion de autodiagnóstico

Reconocimiento, diagnóstico básico

1. ¿Estoy en una situación en la que mi mejor resultado no depende únicamente de mis propias decisiones, sino también de las de otra persona que asimismo persigue un objetivo propio y que depende de mí para obtenerlo?

Si la respuesta es **no**: la situación no es *negocial* por falta de interdependencia.

Si la respuesta es **sí**: pasa a la siguiente pregunta.

2. ¿Puedo obtener mediante una decisión conjunta un resultado preferible a mi mejor alternativa unilateral?

Si la respuesta es **no**: no estoy en una situación de negociación ni de coordinación, probablemente estoy en un juego de puro conflicto.

Si la respuesta es **sí**: estoy en un juego de suma positiva, a los dos nos interesa ponernos de acuerdo. Pasa a la siguiente pregunta.

3. ¿Existe conflicto de intereses además de necesidad de cooperación?

Si la respuesta es **no**: estoy en un juego de pura coordinación, busquemos claves para resolverla tácita o explícitamente.

Si la respuesta es **sí**: estoy en una situación de negociación.

Estructura estratégica

4. ¿Cómo está diseñada esta situación?

5. ¿En qué medida puedo intervenir para estructurarla de una manera más favorable?

6. ¿Puedo hacer algo, antes de empezar a hablar, que me confiera alguna superioridad estratégica?

7. ¿Qué puedo hacer para evitar por lo menos estar en la posición más desfavorable?

8. ¿Existe alguna forma de crear, mantener y hacer funcionar una estructura distinta que incentive un mejor resultado para mis intereses?

9. ¿Estoy negociando con la persona adecuada? ¿Esta persona tiene facultades de decisión suficientes? ¿Me conviene cambiar de interlocutor o de escala o de marco?

El valor de reserva como poder de negociación y como medida de los acuerdos

10. ¿Cuál es mi valor de reserva, mi mejor alternativa en caso de desacuerdo?

11. ¿Cuáles son las alternativas de la otra parte?

12. ¿Qué puedo hacer para mejorar mi valor de reserva, multiplicar las alternativas prácticas, no estar atado a una única posibilidad?

13. ¿Qué percepción tiene la otra parte de mi valor de reserva?

14. ¿Alguien está sobreestimando o subestimando su propio valor de reserva o el de la otra parte?

15. ¿Necesito llegar a un acuerdo como sea?

16. ¿Estaré realmente mejor si acepto este acuerdo concreto que si abandono las negociaciones?

17. ¿Estoy comparando este acuerdo con el patrón adecuado?

18. ¿Y si me pusiera a analizar mi situación de una manera más amplia?

Información versus manipulaciones

19. ¿Tengo información suficiente sobre el objeto de la negociación?

20. ¿Y sobre el conjunto del bargaining set?

21. ¿Estamos en una estructura que permite o incentiva el engaño o la manipulación de percepciones?

22. ¿La fuente de información es también una parte interesada en el resultado?

23. ¿Estoy negociando a partir de un anclaje?

24. ¿He verificado y comprobado los datos?

25. ¿He buscado información independiente?

26. ¿Resultaría factible aparentar que ocupo la posición opuesta a fin de obtener información desde el otro lado?

Prisa y paciencia

27. ¿Tengo costes temporales?

28. ¿Los tiene la otra parte?

29. ¿Quién tiene prisa y quién tiene paciencia?

30. ¿Qué puedo hacer para tener más paciencia o para que la otra parte tenga más prisa?

31. ¿Ha llegado el momento de hacer una pausa táctica y suspender los contactos?

Un juego, muchos juegos

32. ¿Vamos a negociar solamente una vez?

33. ¿El futuro es importante para mí o para el otro negociador?

34. ¿Tengo interés en mantener o mejorar nuestra relación personal o profesional?

35. ¿Se verían las cosas de otra manera si introdujéramos la idea de duración o frecuencia de las interacciones, las expectativas de reciprocidad?

Distribución o integración

36. ¿Estoy en una negociación genuinamente distributiva, de reparto de un único atributo, en la que lo que uno gana el otro siempre lo pierde?

37. ¿Estoy en una negociación más compleja que permite intercambios y compensaciones?

38. ¿Puede ser útil reconsiderar las cuestiones en juego de manera que se amplíe el campo y aparezcan nuevas posibilidades de combinación?

39. ¿Está planteada la negociación como una confrontación posicional?

40. ¿Es posible reformularla en términos de negociación por intereses?

41. ¿He pensado suficientemente en cuáles son mis intereses de fondo en el ámbito que estamos tratando?

42. ¿Y en las relaciones entre esa cuestión concreta y mis intereses globales?

43. ¿Tengo claro algún orden de prioridades entre mis preferencias?

44. ¿Cuánto menos de una cosa a cambio de cuánto más de otra me proporcionaría el mismo nivel de satisfacción?

Reclamar valor, crear valor

45. ¿Me interesa explotar mi superioridad estratégica?

46. ¿Me conviene limitarme a competir y dejar de lado las posibilidades de cooperación?

47. ¿Será duradero y estable un resultado basado en el abuso de posición dominante?

48. ¿Podríamos ganar conjuntamente? ¿Es posible generar nuevos atributos que den respuestas compatibles a los distintos intereses presentes?

49. ¿Puede tener un sentido gestionar el proceso de manera cooperativa, sin dejar de defender mis intereses de fondo, y mantener la guardia visiblemente frente a los intentos de explotación?

50. ¿Estoy siendo víctima de algún truco sucio?

51. ¿Me siento estresado o aturdido o incómodo o muy cansado? ¿Tengo miedo, frío, calor, hambre o sed? ¿Hay mucho ruido o demasiadas interrupciones? ¿Me hacen esperar de manera desconsiderada? ¿Llevamos demasiado rato encerrados mientras que ellos se van relevando?

52. ¿Alguien me está hablando en un tono demasiado alto o agresivo o admonitorio?

53. ¿Me están presionando de tal forma que acabaré haciendo concesiones para escapar de una situación que me resulta angustiosa?

54. ¿No sería mejor retirarse cuanto antes de un entorno hostil que acabará por desestabilizarme?

55. ¿Por qué no decir simplemente, de manera firme y tranquila, que las condiciones en las que se está desarrollando la negociación no son las más adecuadas para avanzar de manera reflexiva y útil? ¿Que he llegado a la conclusión de que, en interés de todos, hay que posponer las discusiones y reanudarlas, si es el caso, en un entorno y en un horario más cómodos, en condiciones de tranquilidad y de análisis de principios, sin presiones?

56. ¿Me están amenazando?

57. ¿En qué consiste exactamente la amenaza?

58. ¿Es una amenaza proporcionada?

59. ¿En qué medida cumplir la amenaza está o no está acorde con el interés de quien la formula? ¿Es creíble?

60. ¿Qué tal si sigo hablando sin tener en cuenta la amenaza, como si no la tomara en serio de verdad?

61. ¿Puedo mostrar que la amenaza no me afecta realmente?

62. ¿Me conviene contraatacar con otra amenaza?

63. ¿Puedo bloquear la comunicación de la amenaza?

64. Si preveo que me van a amenazar, ¿puedo adelantarme y consumar antes el hecho que pretenden disuadir?

65. ¿Cómo puedo mejorar el procedimiento de discusión?

66. ¿Me conviene tomar la iniciativa y hacer un borrador de trabajo?

67. ¿Puedo mejorar la relación de confianza con alguno de los otros negociadores?

Las personas

68. ¿He resuelto los problemas personales de relación, comunicación y percepción?

69. ¿Valdría la pena dedicar algún esfuerzo a mejorar la relación interpersonal?

70. ¿Puedo crear una relación de trabajo más constructiva?

71. ¿Estaríamos mejor si intervinieran terceras personas?

72. ¿En calidad de agentes? ¿De mediadores?

73. ¿Debo cambiar de interlocutor?

Los intereses

74. ¿Qué puedo hacer para transmitir un mensaje cooperativo claro?

75. ¿He hecho que se entiendan suficientemente mis intereses?

76. ¿He comprendido los intereses de fondo de la otra parte?

77. ¿Se ha dado cuenta la otra parte de que la escucho y la entiendo?

78. ¿Estoy haciendo las preguntas adecuadas?

79. ¿Cómo puedo mejorar el clima de confianza y facilitar el intercambio de información no manipulada?

Las alternativas

80. ¿Estoy pensando lo bastante en alternativas que produzcan beneficios conjuntos?

81. ¿Existe alguna forma de aprovechar la asimetría en cuanto a las preferencias sobre las cuestiones objeto de negociación y las diferentes valoraciones acerca del tiempo y del riesgo?

82. ¿Se me ocurre algún atributo *negocial* nuevo que permita articular una propuesta más eficaz?

83. ¿Qué puedo dar que me cueste poco a mí y valga mucho para la otra parte a cambio de algo que le cueste poco a ella y valga mucho para mí?

Los criterios

84. ¿Sería útil reconducir la discusión sobre decisiones concretas hacia la búsqueda conjunta de criterios generales que se puedan considerar aceptables, equitativos y prácticos?

85. ¿Existen inconsistencias en las posiciones o formulaciones que sostiene la otra parte?

86. ¿Y en las mías propias?

Aprendizaje continuado

87. ¿Estoy aprendiendo durante el *proceso negocial*?

88. ¿Estoy lo suficientemente atento al desarrollo de los acontecimientos para reevaluar cuanto sea necesario las variables significativas?

89. ¿Podríamos replantearnos las cosas ahora que ya las empezamos a ver de otra manera?

Glosario de negociación estratégica

adjusted winner *m. y f.* Véase *ganador ajustado.*

acuerdo *m.* Decisión conjunta obtenida cooperativamente por los negociadores y que pone fin al proceso negocial al suministrar un resultado que todos los negociadores estiman preferible a sus respectivas alternativas unilaterales.

agente negociador *m.* Persona que negocia en nuestro nombre con un mandato que no puede transgredir o bien alguien que actúa como si negociara en nombre de otro (técnica de la ratificación).

ajuste *m.* Fase del procedimiento del *ganador ajustado* en la que se igualan las diferencias resultantes de asignar provisionalmente los bienes o valores que deben repartirse a quien los ha puntuado más, mediante la transferencia de una fracción de un bien calculada de manera que ambos acaben con los mismos puntos de utilidad.

alternancia equilibrada *f.* Procedimiento de *reparto justo* en el que los turnos no son estrictamente consecutivos con el fin de neutralizar la ventaja del que elige en primer lugar.

alternancia estricta *f.* Procedimiento secuencial de *reparto justo.* A la vista de una serie de bienes que hay que repartir, se arroja una moneda al aire para decidir quién escoge en primer lugar uno de los bienes, después elige el otro beneficiario y así sucesivamente, hasta que todos los bienes están adjudicados.

amenaza estratégica *f.* Regla de respuesta que impone un coste (castigo) a la otra parte si no actúa como pretendemos, pero cuyo cumplimiento no está acorde con el interés de quien la formula ni antes ni después de la eventualidad que se pretende disuadir o inducir. Produce un cambio en la estructura de incentivos. Es la formulación de la amenaza —y no su cumplimiento— lo que nos proporciona ventaja estratégica. De hecho, cuanto más creíble sea la amenaza, menos probable es que se necesite cumplirla.

análisis estratégico negocial *m.* Análisis de las situaciones negociales en su conjunto, no únicamente en relación con las habilidades de comunicación, sino estructuralmente, en tanto que situaciones de interdependencia estratégica en las que las decisiones que se adoptan no son ingenuas y persiguen también finalidades estratégicas.

anclaje *m.* Técnica negocial consistente en introducir estratégicamente el punto de partida de la negociación para obtener ventaja competitiva (en condiciones de deficiencia informativa o pasividad de la otra parte). Se trata de una trampa decisional. También se puede utilizar para facilitar la integración de intereses (en el caso del texto único de negociación o SNT).

árbol de juego *m.* Secuencia de decisiones en un juego de estrategia. Despliega las decisiones que los demás jugadores tomarán en el futuro en respuesta a cada una de nuestras opciones actuales posibles.

autorrestricción *f.* Estrategia consistente en obligarse uno mismo a fin de obligar al contrario. Si una parte tiene capacidad para restringir en alguna forma, de manera voluntaria pero irreversible, su propia libertad de elección, transmitirá a la otra parte la certeza de que no va a ceder.

aviso *m.* Declaración que informa a la otra parte de nuestros incentivos si hace o no hace una determinada acción. Cuando la estructura de incentivos nos suministra capacidad de respuesta suficiente, nos basta con utilizar el aviso.

AW *m.* Véase *ganador ajustado.*

bargaining set *m.* Véase *conjunto negocial*

BATNA *f.* Véase *best alternative to a negotiated agreement.*

best alternative to a negotiated agreement *f.* Concepto que puede traducirse literalmente por «la mejor alternativa a un acuerdo negocial». Expresa la noción de la alternativa unilateral más atractiva de la que podemos disponer en caso de que no lleguemos a ningún acuerdo. Nos confiere poder negocial porque determina nuestro comportamiento y los resultados de la negociación. Nos protege de aceptar lo que deberíamos rechazar y también de rechazar lo que deberíamos aceptar. Se conoce por sus siglas, BATNA.

comportamiento estratégico en juegos de puro conflicto *m.* Comportamiento consistente en adoptar una estrategia (o regla de decisión) a prueba de la anticipación deductiva de la otra parte (no ser descubierto). Si hay comunicación, está necesariamente manipulada.

comportamiento estratégico en juegos de pura coordinación *m.* Comportamiento consistente en remitirse a una clave coordinativa interpredictiva, es decir, cada uno predice correctamente el curso de acción del otro y elige su mejor respuesta a ese curso de acción. Si hay comunicación, debería ser sincera y resolver el juego.

comportamiento estratégico en juegos mixtos *m.* Comportamiento consistente en adoptar una regla de decisión que la otra parte vaya a dar por segura, es decir, establecer para uno mismo y comunicar de forma convincente al otro jugador una forma de actuación que deja al otro un simple problema de maximización cuya solución para él es la óptima para nosotros. La comunicación es estratégica.

compromiso estratégico *m.* Mecanismo o recurso de autorrestricción que garantiza el cumplimiento de la regla de respuesta y que, por tanto, la dota de credibilidad. Para ser eficaz, el compromiso ha de ser proporcionado, irreversible y comunicado.

conflicto de intereses *m.* Conflicto que se produce cuando los objetivos pretendidos por personas o grupos resultan (o son percibidos como) incompatibles, absoluta o relativamente, con los objetivos que a su vez pretenden otras personas o grupos. El conflicto es inherente a la vida social a causa de la escasez de recursos.

conjunto negocial *m.* Conjunto de elementos relevantes de una relación negocial: valores de reserva respectivos, niveles de aspiraciones, zona de posible acuerdo, ofertas y contraofertas. Puede expresarse gráficamente de manera lineal (cuando se negocia un solo atributo distributivo) o mediante ejes de coordenadas.

contrato *m.* Pacto con valor jurídico mediante el cual se hace creíble un compromiso y se acepta un castigo si el compromiso no se cumple.

contrato social *m.* Pacto hipotético (según Thomas Hobbes, 1651) que justificaría la existencia de la autoridad y del derecho. Mediante el contrato social, todos habríamos cedido una parte de nuestra autonomía en favor de una autoridad central a cambio de que esa misma autoridad nos proteja de las agresiones de los otros. Las leyes intentan resolver —mediante incentivos positivos o negativos— los problemas de coordinación e interacción colectiva y también una parte de los conflictos de intereses susceptibles de regulación pública.

cooperación *f.* En negociación: se entiende que existen posibilidades de cooperación si los agentes interdependientes valoran más el resultado que podrían obtener mediante una decisión conjunta, denominada acuerdo, que aquello que podrían conseguir unilateralmente por su cuenta sin contar con el otro.

cortar la comunicación *v. intr.* En un proceso negocial, acción de dejar de comunicarse con la otra parte con la intención de hacer irreversible nuestro compromiso con una opción determinada.

coste de oportunidad *m.* Coste de utilizar los recursos para una determinada finalidad, medido según el beneficio al que se renuncia al no utilizarlos en su mejor uso alternativo.

coste irrecuperable *m.* Sacrificio (en dinero, tiempo o esfuerzo) que se ha realizado inútilmente para obtener alguna cosa y que se continúa realizando a pesar de que suponga más pérdidas que ganancias. Lo único que debe importar para la decisión son las pérdidas y ganancias futuras.

coste temporal *m.* Coste que el mero transcurso del tiempo sin conseguir un acuerdo representa para los negociadores. La parte que tiene prisa está en inferioridad estratégica respecto de la parte que tiene paciencia. La parte que tiene menos costes temporales puede tomar como rehén el tiempo para obtener concesiones sustanciales de la que tiene mayores costes temporales.

crear valor *v. tr.* Generar mejoras paretianas, es decir, producir contratos que incrementen la utilidad de uno o más negociadores sin disminuir la utilidad de otro. La creación de valor se expresa gráficamente en dirección nordeste y termina en cualquier punto de la frontera paretiana que, a su vez, esté situado dentro de la zona de posible acuerdo.

Acciones que crean valor:

- Alcanzar cualquier acuerdo que exceda las respectivas posibilidades unilaterales crea valor con relación a las alternativas.

- Pasar de un primer resultado a otro que ambos prefieren.
- Empujar cooperativamente la frontera paretiana hacia el nordeste.

¿De dónde sale el valor?

- De las diferencias entre las preferencias y los valores de los negociadores.
- De los intereses conjuntos en crear valor común.
- De las economías de escala.

¿De dónde salen las diferencias?

- De las distintas valoraciones relativas a los intereses.
- De las distintas expectativas respecto al futuro.
- De las distintas actitudes frente al riesgo.
- De los distintos esquemas temporales de preferencias.

credibilidad estratégica *f.* Expectativa generalizada de que un agente lleva a cabo sus jugadas incondicionales, mantiene sus promesas y cumple sus amenazas. Una acción (o una regla de respuesta) que puede cambiarse pierde efecto estratégico ante un adversario que piensa estratégicamente. La credibilidad requiere encontrar una manera que impida volverse atrás, aunque eso vaya contra nuestros intereses.

desanclaje *m.* Desactivación del anclaje competitivo. El desanclaje se obtiene mediante información, comprobación, análisis y discusión de los principios, procedimientos objetivos, replanteamiento y/o contraoferta totalmente desligada de la primera oferta.

dilema del negociador *m.* Modelo de juego entre negociadores (cuya estructura es idéntica a la del dilema del prisionero) en el que las opciones son *reclamar valor* o *crear valor* y cuyo equilibrio de Nash determina un resultado ineficiente de traición recíproca que podría ser mejorado por la cooperación. Sin embargo, al igual que en el dilema del prisionero, si sólo hubiera una interacción, todo pacto sería traicionado, salvo que estuviera garantizado por una autoridad exterior vinculante.

dilema del prisionero *m.* Modelo de juego entre las opciones de *cooperar* o *traicionar*, cuyo equilibrio de Nash determina un resultado de traición recíproca que es ineficiente y podría ser mejorado por algún tipo de cooperación. Sin embargo, si se jugara solamente una vez, todo pacto sería traicionado, salvo que estuviera garantizado por una autoridad exterior vinculante.

Sólo si el juego es repetitivo y es posible detectar a los que explotan la cooperación de los otros (sin cooperar ellos mismos) y aplicarles un castigo disuasorio se darán las bases de la cooperación estable.

Reglas para superar el dilema del prisionero (Axelrod, 1984) en juegos repetitivos:

1. No seas envidioso.
2. No seas el primero en no cooperar.
3. Responde con reciprocidad tanto a la cooperación como a la no cooperación.
4. No te pases de listo (y emite mensajes claros).

Reglas para promover la cooperación (Axelrod, 1984):

1. Incrementar la importancia del futuro con relación al presente.
2. Cambiar las recompensas.
3. Enseñar a la gente a preocuparse por los demás.
4. Enseñar la reciprocidad.
5. Mejorar las habilidades de reconocimiento.

engaño *m.* Acción de inducir a error que puede afectar a los hechos y elementos objeto de la negociación, a los BATNA y niveles de aspiraciones, a los propósitos e intenciones y a las facultades del negociador.

Para defenderse del engaño: proceder objetivamente, con independencia de la confianza, evitar estructuras en las que el único flujo de información proceda de una parte interesada, articular garantías (contractuales, estratégicas), no tener prisa.

equilibrio de Nash *m.* Véase *equilibrio no cooperativo de un juego.*

equilibrio no cooperativo de un juego *m.* Combinación de jugadas que determinan un resultado estable (o punto de equilibrio). Un resultado es estable porque, una vez obtenido *y dado lo que han hecho los demás jugadores*, ningún jugador podría mejorar su recompensa mediante un cambio unilateral. La elección de cada jugador es la mejor respuesta a la elección del otro. Sin.: *equilibrio de Nash.*

estrategia *f.* Plan de acción —que incluye una regla o un conjunto de reglas para adoptar decisiones óptimas en circunstancias futuras inciertas— destinado a conseguir objetivos que no están bajo nuestro control directo. En las situaciones de interdependencia, el plan estratégico ha de reconocer, identificar, tomar en cuenta y anticipar tanto nuestros propios incentivos como los incentivos de aquellas personas, cuyas decisiones interaccionarán con las nuestras, ya que el resultado que cada uno obtenga depende de las decisiones de todos.

estrategia dominada *f.* Curso de acción uniformemente peor para un jugador que cualquier otro de los que están a su disposición, haga lo que haga el otro jugador. Un curso de acción es uniformemente peor que los otros cuando al menos es peor en uno de los supuestos y no es mejor en ninguno de los supuestos restantes.

estrategia dominante *f.* Curso de acción uniformemente mejor para un jugador que cualquier otro de los que están a su disposición, haga lo que haga el otro jugador. Un curso de acción es uniformemente mejor que los otros cuando al menos es mejor en uno de los supuestos y no es peor en ninguno de los supuestos restantes. No guarda relación con ganar al otro jugador.

Estrategias dominadas y dominantes. Curso de acción que hay que adoptar:

- Si tengo una estrategia dominante, he de utilizarla obligatoriamente sin preocuparme de lo que hagan los demás.
- Si no tengo una estrategia dominante, pero mi adversario sí la tiene, he de dar por supuesto que mi adversario la utilizará y elegir mi mejor respuesta a esta estrategia.
- Si tengo una estrategia dominada, he de descartarla siempre.
- Si no hay en el juego ni estrategias dominantes ni dominadas, he de buscar un equilibrio.

frontera eficiente *f.* Véase *frontera paretiana.*

frontera paretiana *f.* En una gráfica: línea que une el conjunto de todos los contratos no dominados posibles (un contrato es dominado si existe otro que ambos negociadores prefieren). Sin.: *frontera eficiente.*

funambulismo estratégico *m.* Creación intencionada de un riesgo reconocible que no se controla del todo porque ese descontrol le resulta intolerable a la otra parte y la obliga a ceder. Intimidar al adversario exponiéndolo a un riesgo compartido.

game theory *f.* Véase *teoría de juegos.*

ganador ajustado *m.* Procedimiento de reparto justo (Brams y Taylor, 1999) basado en el reparto de puntos de utilidad y que tiene dos fases: la subasta y el ajuste. Se conoce por las siglas AW, del término inglés *adjusted winner.*

integrar *v. tr.* Hacer compatibles intereses o preferencias que, sin ser antagónicos por completo, resultan relativamente divergentes y pueden ser satisfechos, hasta cierto punto, de manera simultánea.

interacción de estrategias *f.* Acción o influencia recíproca entre estrategias, dado que no existe la mejor estrategia si no es en relación con la que esté utilizando o piense utilizar nuestro adversario. En las situaciones de interdependencia estratégica, nuestro mejor curso de acción depende de lo que el otro vaya a hacer a su vez.

interdependencia estratégica *f.* Situación en la que nuestro mejor resultado no depende únicamente de nuestras decisiones o elecciones, sino que depende también de las decisiones o elecciones que adopte otra persona que persigue su propio objetivo y que, a su vez, depende de nosotros para obtenerlo.

intereses *f. pl.* Todo aquello que cuenta en la función de utilidad (satisfacción) de un negociador. Sus necesidades subyacentes. Los intereses básicos de las personas serían la seguridad, el bienestar económico, el sentido de pertenencia, el reconocimiento y el control sobre la propia vida.

juego *m.* Situación de interdependencia estratégica.

juego de puro conflicto *m.* Juego en que las respectivas ordenaciones de preferencias de cada jugador respecto a los posibles resultados del juego son perfecta e inversamente correlativas. Lo que uno gana el otro necesariamente lo pierde y viceversa. La estructura del juego excluye siempre la cooperación.

juego de pura cooperación *m.* Juego en que las respectivas ordenaciones de preferencias de cada jugador respecto de los posibles resultados del juego son perfecta y positivamente correlativas. Los jugadores ganan o pierden a la vez. La estructura del juego excluye el conflicto. Sin.: *juego de pura coordinación.*

juego de pura coordinación *m.* Véase *juego de pura cooperación.*

juego de suma constante *m.* Véase *juego de suma cero.*

juego de suma negativa *m.* Tipo de juego de suma no-cero en que el valor total que hay que repartir puede disminuir.

juego de suma no-constante *m.* Véase *juego de suma no-cero.*

juego de suma no-cero *m.* Juego en que uno o más jugadores pueden ganar o perder valor sin que necesariamente otro jugador lo pierda o lo gane correlativamente. Pueden ser juegos de suma positiva o de suma negativa.

juego de suma positiva *m.* Tipo de juego de suma no-cero en el que es posible que todos los jugadores ganen.

juego de suma cero *m.* Juego en que los costes o beneficios que se distribuyen son fijos, de forma que lo que un jugador gana el otro jugador necesariamente lo pierde, y viceversa. Sin.: *juego de suma constante.*

juego de turno consecutivo *m.* Juego en que primero juega uno y a continuación los otros sucesivamente, después de haber podido observar las jugadas completas de los anteriores.

juego de turno simultáneo *m.* Juego en que los jugadores hacen sus jugadas al mismo tiempo o sin haber podido observar la jugada del otro.

juego mixto *m.* Juego en que las respectivas ordenaciones de preferencias de cada jugador respecto a los posibles resultados del juego son imperfectamente correlativas. Los jugadores ganan o pierden a la vez, pero cada uno gana más o menos individualmente según la decisión conjunta que se adopte. En los juegos mixtos coexisten la necesidad de cooperar y el conflicto de intereses.

jugada *f.* Cada una de las decisiones que toman los jugadores.

jugador *m.* Cada uno de los individuos que toman las decisiones en un juego.

mecanismo automático de respuesta *m.* Regla de respuesta que escapa al propio control y que, por consiguiente, no puede ser evitada.

mercado *m.* Grupos de compradores y vendedores de bienes, activos o servicios (y también el espacio o red en que se encuentran). Los compradores en su conjunto determinan la *demanda* de un producto y los vendedores, la *oferta*. El mercado expresaría mediante el precio el punto de equilibrio entre oferta y demanda y resolvería de esta manera los conflictos en la asignación de recursos escasos en el sentido económico.

modelo de sumisión *m.* Estructura estratégica diseñada para que el resultado de la maximización del incentivo del otro negociador sea el resultado óptimo para uno mismo.

movimiento estratégico *m.* Movimiento que pretende afectar las expectativas de los otros para inducirlos a actuar en el sentido que preferimos. Es el resultado de la *interdependencia de expectativas* que se produce en las situaciones de interdependencia estratégica o *juegos*.

negociación *f.* Estrategia interactiva que se despliega, en términos explícitos y/o de forma tácita, en situaciones de interdependencia que incluyen a la vez conflicto de intereses y posibilidades de cooperación, con la finalidad de obtener, mediante una decisión conjunta denominada acuerdo, un resultado que los agentes valoren más que sus respectivas alternativas unilaterales.

negociación distributiva *f.* Negociación unidimensional basada en la obtención de la mayor porción posible de un único atributo en detrimento de la porción que obtenga el otro negociador *(ganar-perder)*.

Características básicas:

- Un único atributo.
- Bargaining set lineal.
- Juego de suma constante (pastel fijo).
- Negociación posicional.
- Uso de estrategias competitivas.

negociación explícita *f.* Conjunto de interacciones entre los negociadores (por lo general verbales o mediante significantes análogos a las palabras) que son reconocibles de inmediato como negociales. Es sólo la fase visible y reconocible del proceso negocial, no es todo el proceso ni necesariamente la parte más importante del mismo.

negociación integradora *f.* Negociación multidimensional basada en la integración de preferencias y en la creación de valor *(ganar-ganar).*

Características básicas:

- Más de un atributo.
- Asimetrías de preferencias.
- Se negocia por paquetes.
- Bargaining set en ejes coordenadas.
- Juego de suma positiva (pastel que crece).
- Negociación por intereses.
- Uso de estrategias integradoras.

negociación posicional *f.* Negociación distributiva en la que los negociadores se comprometen con una demanda inicial y se resisten a hacer concesiones sobre ella mientras intentan que las haga el otro.

negociación tácita *f.* Movimientos estratégicos no verbales y/o indirectos (acciones, omisiones, comportamiento, comunicaciones con terceros) que se producen en un proceso negocial con la intención de provocar un efecto en las expectativas de la otra parte. Puede predeterminar el resultado y excluir incluso la fase explícita. Puede ser reconocida o no como tal por los negociadores.

nivel de aspiraciones *m.* Los experimentos sugieren que en ausencia de límites y *caeteris paribus* (es decir: manteniendo constantes todas las demás variables) a mayor nivel de aspiraciones inicial, mejor resultado se obtiene.

paso a paso *m.* Procedimiento consistente en trocear el compromiso global en tramos lo suficientemente pequeños para hacer creíble el compromiso de cumplir cada tramo (conviene que no exista un último paso claramente delimitado; mientras subsistan las expectativas de futuro, no merecerá la pena engañar).

pirámide de Maslow *f.* Jerarquía de las necesidades humanas. En la base están las necesidades fisiológicas (alimentación, agua, aire) y según se asciende en la pirámide aparecen las necesidades de seguridad, de aceptación social y de autoestima, todas ellas denominadas «de déficit» porque pueden ser satisfechas. En la cumbre están las necesidades de autorrealización: llevar a cabo aquello de lo que uno es capaz, que son «necesidades del ser» y operan como una fuerza impelente permanente.

poder negocial *m.* Capacidad de afectar el resultado de una negociación de la manera más favorable para uno mismo. Tiene en principio mayor poder negocial aquel que puede abandonar las negociaciones (sin acuerdo) con menor coste (relativo) que el otro negociador. Por tanto, se consigue poder negocial mejorando el valor de reserva propio y/o empeorando el del otro negociador.

Además del BATNA, suministran poder negocial: la primera oferta, la información, el nivel de aspiraciones alto, la paciencia, el estatus primario y/o el secundario (pseudoestatus) y las redes sociales o capital social.

porción justa *f.* Enésima parte del valor total subjetivo atribuida en un reparto, siendo *n* el número de participantes.

precio de reserva *m.* Valor del BATNA expresado en unidades monetarias.

primera oferta *f.* Punto de partida de la negociación introducido por uno de los negociadores. Puede ser el vehículo de un anclaje estratégico (si la formula el que tiene un buen conocimiento de las magnitudes del *bargaining set* cuando el otro no lo tiene) y puede defender con precisión nuestros intereses genuinos (y anticiparse a un anclaje), pero también puede revelar un nivel de aspiraciones arbitrario o bajo y/o proporcionar un excedente a la otra parte (si el que la formula tiene poca información).

principio de reconstrucción *m. Mirar hacia delante y razonar hacia atrás.* Prever el resultado último de nuestras decisiones iniciales (incorporando las decisiones futuras de los demás jugadores) y utilizar esa información para evaluar cuál es nuestra mejor alternativa actual.

promesa estratégica *f.* Regla de respuesta que recompensa a la otra parte si actúa como pretendemos. Ha de estar convincentemente comprometida cuando las acciones últimas de un negociador no estén bajo el control del otro y pueda existir algún incentivo que se vaya a traicionar.

punto focal *m.* Polo de atracción, revestido de autojustificación, que proporciona una clave coordinativa de las expectativas de los negociadores sobre lo que resulta generalmente aceptado como equitativo y práctico (ejemplos: números redondos, fórmulas aritméticas simples, patrones de justicia, ordenaciones preexistentes, accidentes del terreno, precedentes, juicio de un tercero). Son susceptibles de uso estratégico.

quemar las naves *v. tr.* Cortarse o dificultarse a sí mismo la posibilidad de la retirada, lo cual refuerza la credibilidad del compromiso de luchar por esa opción hasta la muerte; requiere comunicación eficaz.

reconocer y anticipar la estructura estratégica *v. intr.* Reconocer y anticipar, mediante el análisis estratégico, cuál puede ser la estructura de incentivos de una situación negocial nos facilita la intervención en el diseño de dicha estructura cuando aún estamos a tiempo de que nos sea más favorable.

regla de respuesta *f.* Jugada estratégica condicional consistente en fijar anticipadamente de manera creíble nuestra respuesta a los movimientos de los otros. Se trata de una autorrestricción y responde a la estrategia básica de los juegos mixtos: adoptar una regla de decisión que la otra parte vaya a dar por segura. La finalidad y el sentido de las reglas de respuesta como jugadas estratégicas consiste en cambiar las expectativas que tiene el adversario sobre la respuesta de uno a sus acciones (si tal cambio le induce a actuar de una manera que nos favorece).

reglas del grupo *f. pl.* Referencia al comportamiento que cabe esperar de los negociadores según sean: *antagonistas estridentes, antagonistas cooperativos* o *socios totalmente cooperativos* (Raiffa, 1982).

reparto justo *m.* Asignación resultante de la aplicación de algún tipo de procedimiento imparcial que los interesados aceptan previamente como adecuado al contexto de que se trate. Analíticamente los criterios de corrección de un reparto justo serían: 1. Proporcionalidad, 2. Ausencia de envidia, 3. Equidad, 4. Eficiencia.

1. Proporcionalidad *(porción justa)*
Cada uno cree haber obtenido una enésima parte de su valor global subjetivo, siendo *n* el número de participantes (si son 2, cada uno cree haber obtenido la mitad, si son 3, un tercio, y así sucesivamente).

2. Ausencia de envidia
Ninguno cambiaría su parte por la de otro (cuando sólo hay 2 partes, «no envidia» y «proporcionalidad» coinciden, lo cual no necesariamente sucede cuando hay más de 2 partes).

3. Equidad
Cada parte cree haber recibido la misma fracción que las otras sobre la satisfacción (utilidad) máxima respectiva (atendiendo a las respectivas preferencias de cada uno).

4. Eficiencia
Una asignación (o acuerdo) es eficiente si no existe ninguna otra asignación posible que incremente la utilidad de alguna parte sin disminuir la de otra.

reputación *f.* Compromiso con uno mismo. Si se va a jugar varias veces, es conveniente establecer una reputación y no destruirla por un incumplimiento puntual.

secuencia de concesiones *f.* Serie o patrón de intervalos entre la primera oferta y las sucesivas concesiones. Revela información relativa a la zona de posible acuerdo y al mínimo aceptable. El patrón de concesiones puede ser utilizado estratégicamente.

selección autoconfirmativa *f.* En ámbitos muy controvertidos o poco analizados, nos comprometemos con una posición y a partir de ahí filtramos información que tiende a confirmarla.

situación de negociación *f.* Juego mixto, es decir, situaciones de interdependencia estratégica que incluyen a la vez posibilidades de cooperación y conflicto de intereses. En ellas, cooperar para obtener un acuerdo es un incentivo, y también lo es competir para que ese acuerdo maximice el propio beneficio.

subasta *f.* Fase del procedimiento del ganador ajustado en que se asignan provisionalmente los bienes o valores que hay que repartir a quien los ha puntuado más.

teoría de juegos *f.* Ciencia que estudia el comportamiento estratégico. La popularización de la expresión *teoría de juegos* procede del libro *Theory of Games and Economic Behavior*, de John von Neumann y Oskar Morgenstern (1944). En inglés, *game theory*.

toma de rehenes *f.* Estrategia que consiste en aprovechar el conocimiento del valor de uno de los elementos que están en juego en una negociación para obtener completamente este valor (en forma de concesiones sobre los otros atributos presentes en la negociación).

trabajo en equipo *m.* En negociación: utilización de la presión colectiva para dotar de credibilidad a los compromisos. Muchas personas son menos vulnerables a la tentación de ceder y resisten más que una sola, o pueden ayudar —incluso obligar— a cumplir el compromiso, al resultar peor la sanción social por incumplirlo que el esfuerzo para mantenerlo.

trampa decisional *f.* Factor que induce a una percepción desviada y a la adopción de decisiones irracionales. En negociación, las trampas más importantes son las siguientes: el anclaje (la primera impresión), el statu quo (la resistencia al cambio), los costes irrecuperables (persistir en el error), la selección autoconfirmativa (ver lo que queremos ver) y el marco inadecuado (resolver el problema que no corresponde).

trucos sucios *m. pl.* Engaños, acoso psicológico (ataques personales, gritos, comentarios desagradables, esperas, interrupciones, hacerse el sordo, no mirar a los ojos, etc.), situaciones estresantes (ruido, frío, calor, entorno desagradable, etc.) y tácticas de presión extrema (rutinas del bueno y el malo, amenazas, etc.). Se trata en realidad de imposiciones unilaterales sobre el procedimiento negocial. La defensa se basa en el reconocimiento, la explicitación y la negociación de los procedimientos.

uno divide y el otro elige *loc.* Procedimiento de reparto justo en que un beneficiario hace las particiones y el otro elige la porción que prefiere.

utilidad *f.* Medida de la satisfacción individual. En la ciencia económica se supone que los consumidores asignan su tiempo y sus recursos con la finalidad de maximizar su función de utilidad.

valor de reserva *m.* Utilidad estimada del BATNA (o mejor alternativa en caso de desacuerdo) de un negociador. Determina analíticamente el punto de indiferencia entre el acuerdo y el desacuerdo.

valor esperado *m.* Valor de un resultado multiplicado por su probabilidad de ocurrencia.

zona de posible acuerdo *f.* Espacio que media entre los respectivos valores de reserva de los negociadores y en el que cualquier acuerdo es preferible a sus respectivas alternativas unilaterales. Se conoce por sus siglas en inglés, ZOPA.

Algo para recordar (final):

Piensa mucho, habla poco, no tengas prisa.

Esta obra se terminó de imprimir
en el mes de noviembre de 2025,
en los talleres de Diversidad Gráfica S.A. de C.V.
Ciudad de México